CULTURA E AÇÃO CULTURAL

Uma contribuição a sua história e conceitos

SERVIÇO SOCIAL DO COMÉRCIO
Administração Regional no Estado de São Paulo

Presidente do Conselho Regional
Abram Szajman
Diretor Regional
Danilo Santos de Miranda

Superintendentes
Comunicação Social Ivan Giannini
Técnico-social Joel Naimayer Padula
Administração Luiz Deoclécio Massaro Galina
Assessoria Técnica e de Planejamento Sérgio José Battistelli

Gerente Marcos Lepiscopo
Adjunto Évelim Lúcia Moraes
Coordenação Editorial Clívia Ramiro
Produção Editorial Juliana Gardim e Ana Cristina F. Pinho

Colaboradores Marta Colabone e Maurício Trindade da Silva

Newton Cunha

CULTURA E AÇÃO CULTURAL

Uma contribuição a sua história e conceitos

Preparação
Laura Bacellar

Revisão
Adir de Lima e Ana Lúcia Sesso

Capa e composição
Bress Design Editorial

Foto da capa
Nilton Silva

Ficha Catalográfica elaborada pelo Departamento Técnico
do Sistema Integrado de Bibliotecas da USP

Cunha, Newton.
 Cultura e ação cultural: uma contribuição a sua história e conceitos.
Newton Cunha.
São Paulo: Edições SESC SP, 2010.
112 p.

ISBN 978-85-7995-003-2

1. Cultura. 2. Ação Cultural. 3. Direitos Culturais. 4. Políticas Culturais.
5. Multiculturalismo. I. Título.

CDD-301.2

Copyright © 2010 Edições SESC SP
Todos os direitos reservados

SESC SÃO PAULO
Edições SESC SP
Av. Álvaro Ramos, 991
03331-000 – São Paulo – SP
Tel. (55 11) 2607-8000
edicoes@edicoes.sescsp.org.br
www.sescsp.org.br

Sumário

9 *Apresentação*

15 **ACEPÇÕES DO TERMO CULTURA**

27 **AÇÃO CULTURAL**

29 1. Pressupostos político-sociais:
   o Estado, a sociedade civil e a cidadania

43 2. Ação cultural no âmbito da sociedade civil

59 3. Interpretações conceituais

81 4. Política cultural

99 5. Direitos culturais e multiculturalismo

109 *Sobre o autor*

Cultura e educação, ação e democratização culturais

O risco de um prefácio é cair nas amarras da falta de necessidade, ou porque o prefaciador se atém a resumir o livro – o que, por si só, é dispensável –, ou porque produz um ensaio secundário à custa do assunto tratado. Antonio Candido já alertava para isso[1] ao dizer, não sem constrangimento, que, num caso ou noutro, o risco dessa empreitada aumenta na exata medida em que o texto valha por si mesmo.

Mas este prefácio surge, animadamente, do outro lado do risco, ou seja, como presença da necessidade, não aquela que diz respeito ao cânone de introduzir o assunto (e que não se confunde com resumo nem com ensaio), e sim a que, incentivada pela leitura, leva adiante o propósito identificado num trabalho deste porte: *suscitar reflexão, debate e novos pensamentos; servir como esteio de pesquisa e direcionamento para futuras ações*. E o prefácio, assim situado na arena do debate e da reflexão, contribui também ao colocar mais lenha na fogueira das discussões apresentadas, instigando, portanto, o contato do leitor com o texto – o qual vale muito e cuja escrita concisa decorre de cuidadoso trabalho de elaboração.

É preciso dizer que Newton Cunha tem o mérito da erudição e o cuidado do artesão. Longe de compartimentar os saberes no específico dos temas da cultura e da ação cultural, ele os enlaça na abrangência da filosofia, da sociologia e da história das ideias. Temos, aqui, uma tessitura narrativa alinhavada

---

[1] Cf. Antonio Candido. Prefácio. In: Sérgio Miceli, *Intelectuais à brasileira*, São Paulo: Companhia das Letras, 2001, p.71 e ss.

por fios preciosos, que ganha em brilho e desenvoltura ao levar adiante a tarefa nada fácil de apresentar as relações sociais e políticas de produção cultural que foram hauridas na experiência histórica de nosso itinerário moderno e contemporâneo, quer mediante uma ação pública e estatal, quer por iniciativa de mecenas e organizações privadas.

Em forma de roteiro ou percurso, o leitor encontrará nesta publicação alguns tópicos que formataram o campo de ação cultural e seus congêneres de produção intelectual, simbólica e artística, ora com definições e sínteses, ora com excursos etimológicos, ora com problematizações e/ou críticas dos sentidos que foram alocados por sujeitos ou instituições. Acompanhando as mudanças teóricas e práticas que incidiram sobre o manancial vocabular de autonomização e entendimento desse campo, Newton Cunha destrincha as conexões de valores que dão (ou deram) sustentação às ações desenvolvidas.

Cabe destacar, nessa linha, e de maneira essencial, a verificação de que a cultura está indissociavelmente ligada à educação, na vertente formal como na vertente não-formal e informal e/ou permanente, e de que esse vínculo assume, em termos históricos, uma assunção política recorrente nas iniciativas identificadas pelo autor, como, por exemplo: na ação das escolas populares e universidades livres; na construção da cidadania e nas elaborações e reivindicações de direitos e políticas culturais; nas proposições de democratização cultural e, ainda, nas formas de entendimento do multiculturalismo, em cadência com as questões atuais relativas à diversidade, ao respeito e reconhecimento.

Ressalte-se que a educação e a cultura, aliadas, criam uma riqueza de possibilidades para a formação da pessoa no cotidiano e tornam o vir a ser um modo de ocorrência do possível para a aquisição de um mundo melhor[2].

Outro destaque é o enfoque da democratização cultural tratado pelo autor e que traz um aporte de entendimento para a discussão, constituindo ponto nevrálgico para alimentar o debate. Há inúmeras questões que atravessam esse tema e que ganham relevância se pontuadas com o atual momento em que vivemos, visto, por exemplo, da perspectiva de superação da

---

2 Para uma introdução à educação não-formal, ver: Margareth B. Park & Renata S. Fernandes & Amarildo Carnicel. *Palavras-chave em educação não-formal*. Holambra / Campinas: Editora Setembro e Unicamp/*CMU*, 2007.

crise econômica[3] e da abertura a um novo ciclo de investimento cultural[4]. Afora as que o autor discute aqui, a respeito da ambiguidade de sentido do termo democratização cultural, algumas questões já são nossas conhecidas: necessidade de apoio e estímulo para as iniciativas culturais; obstáculos de desigualdade social e econômica para acesso às – e desenvolvimento de – práticas culturais; importância de abertura e criação continuada de espaços e equipamentos para usufruto de cultura etc.

A par desse quadro, se atualmente não se tange de cores absolutamente fortes a distinção entre cultura erudita, cultura de massa e cultura popular, já que, em razão de fatores históricos, é perceptível que elas estão embaralhadas e que também são o resultado de trocas e movimentos de influência mútua, ainda resulta como problemáticos seu *compartilhamento como patrimônio fundamental da humanidade* e sua *disseminação crítica* entre as pessoas. Nesses dois recortes, o elemento de atenção pesa na vertente de ampliar as formas de contato e as interações sociais de cunho cultural que tenham origem na sociedade civil, pesa na garantia de acesso a espaços e equipamentos (que ainda é primordial) e, principalmente, na vertente das questões de representação e sentido simbólico (o que consideramos usualmente como "conteúdo") presentes no produto ou objeto cultural[5].

Essa dualidade de recorte indica uma maneira também dupla de avançar na reflexão sobre as práticas culturais, de modo que, de um lado, se possa obter um melhor conhecimento sobre os circuitos de consumo e usufruto cultural das pessoas e, de outro, se possa delinear uma ação que contemple as várias dimensões da vida cultural, sem pendores elitistas ou populistas e, isso sim, com investimento na formação de público.

Agir em prol da democratização cultural, assim, recoloca a importância de se avançar nos propósitos que direcionam a ação e as políticas culturais.

---

3   Ver, para essa problematização, na linha da crise como estímulo para ações estruturantes nas políticas públicas de cultura: Isaura Botelho. "A crise econômica, o financiamento da cultura e o papel do Estado e das políticas públicas em contextos de crise". In: *Políticas Culturais em Revista*, 1(2), p.129-135, 2009 – www.politicasculturaisemrevista.ufba.br.
4   Nesse recorte, em que o acento está na perspectiva de uma nova compreensão do que seja desenvolvimento sociocultural, ver: Paulo Miguez. "Cultura e desenvolvimento". In: *Políticas Culturais em Revista*, 1(2), p.1-3, 2009 – www.politicasculturaisemrevista.ufba.br.
5   O leitor encontrará, portanto, em cada parte desta publicação, as questões e respostas identificadas historicamente pelo autor no registro das ações e políticas culturais realizadas nacional e internacionalmente.

Trata-se de levar a cabo um entendimento de democracia cultural, termo que se recobre por um viés qualitativo de ênfase no direito e no exercício da cidadania. Para tanto, um caminho se faz por desvelar e compreender os mecanismos de gosto e hábito das pessoas, conformados na relação familiar, nos âmbitos de ensino formal e não-formal / informal e nas práticas sociais das comunidades em que habitam, descobrindo aí suas vantagens e insuficiências.

Não basta apenas conhecer e atender, mediante ações e políticas culturais, à diversidade de público que compõe a nossa sociedade, mas também diversificar e apoiar a oferta de produtos e objetos culturais, de sorte que cada qual possa travar contato, conhecer e escolher entre gostar ou não desses produtos e objetos.

A pesquisadora Isaura Botelho resume essa perspectiva da seguinte maneira: "Investir na democratização cultural [...] implica em colocar todos os meios à disposição, combater a dificuldade ou impossibilidade de acesso à produção menos 'vendável', e também contrabalançar o excesso de oferta da produção que segue as leis de mercado, procurando o que seria uma efetiva 'democracia cultural' – algo distinto da democratização unidirecional que orienta as políticas. [...] A democracia cultural pressupõe a existência de públicos diversos – não de um público, único e homogêneo. Pressupõe também a inexistência de um paradigma único [a cultura erudita] para a legitimação das práticas culturais. E se apoia nos novos estudos que procuram ultrapassar a consideração de variáveis como classe, renda, faixa etária e localização domiciliar como as únicas relevantes para um maior ou menor consumo de natureza cultural"[6].

Resulta dessa discussão, a nosso ver, um encaminhamento que permite tornar as ações e políticas culturais mais amplas e inclusivas, dotando-as de uma natureza que incentiva a formação e a informação, para além da oferta e difusão de uma cultura (estética e simbólica) socialmente legitimada. Ou seja, a ação encaminha-se no sentido de propiciar incentivo à interação social, ao acesso e consumo de produtos e objetos do universo cultural (possibilidade de ir a museus ou concertos e, também, meios de apoio para apresentações musicais comunitárias etc.) e, ao mesmo tempo, de oferecer condições para o aumento do repertório de informação cultural das pessoas (possibilidade de ampliar o repertório e as fronteiras simbólicas, de conhecer ou adquirir novos valores).

---

6 Cf. Isaura Botelho. 'Políticas culturais: discutindo pressupostos' In: Gisele M. Nussbaumer, *Teorias & políticas da cultura – visões multidisciplinares*. Salvador: EDUFBA, 2007, p. 173.

Embora essa tarefa não seja fácil, uma forma possível de ação se dá pelo apoio à participação ativa, pelo "fazer" cultural, que permite fruição estética e atuação prática. Não só assistir a uma apresentação musical, teatral ou de dança, mas também ter a oportunidade de aprender a tocar instrumentos musicais, a atuar e dançar, de sorte que seja aprofundada a relação com a arte ou linguagem cultural escolhida. A formação e informação, uma levando à outra em dupla via, ocorreriam, portanto, pela oportunidade da experiência vivida pelo sujeito no contato e no exercício cultural.

Correlatas a essa ação, podemos pensar a prática e a participação que se dariam não só nos equipamentos culturais públicos e privados, mas também nas comunidades em que as pessoas vivem, mediante o incentivo à interação sociocultural local. Hoje, os mapeamentos culturais[7] mostram que iniciativas da sociedade civil, como a organização de coletivos de artistas, de saraus poéticos, de exibição de filmes ou apresentações musicais em praças públicas, são recorrentes, em forma de programas e projetos que permitem, para as pessoas que nela habitam, um primeiro contato com o campo da cultura, de onde pode surgir, e espera-se que assim seja, a curiosidade e o incentivo para conhecer autores, obras, produtos e objetos culturais que até então não sabiam existir, levando ao contato com outras expressões culturais. A ampliação do repertório altera a forma de relacionamento com a cultura, de maneira que ao entretenimento – uma das formas de lazer – venha se aliar um processo de desenvolvimento pessoal e a aquisição de novos valores.

Esse é o campo das experiências possíveis que Newton Cunha delineia e que convidamos o leitor a percorrer. Esperamos que o resultado seja um aumento do fôlego para pensar, falar, debater e agir no campo da cultura e educação, da ação e democratização cultural. O SESC SP, assim, por meio desta publicação, leva adiante a proposta de uma ação sociocultural, educativa e permanente, que se realiza como princípio constitutivo da formação e da informação, como meio para o exercício da cidadania e como fim para a aquisição de novos conhecimentos e outros saberes.

DANILO SANTOS DE MIRANDA
Diretor Regional do SESC São Paulo

---

[7] Por ocasião do novo centro sociocultural, esportivo e de saúde de Santo Amaro – SESC Santo Amaro, vem sendo desenvolvida ação de mapeamento cultural na região com o intuito de permitir maior articulação entre artistas, ação cultural e sociedade civil.

# ACEPÇÕES DO TERMO CULTURA

O entendimento oferecido pela antropologia do século XIX sobre o conceito de cultura não é o mais antigo, talvez nem seja o melhor, mas, seguramente, é o mais amplo. Corresponde a todas as formas coletivas e socialmente arbitrárias ou artificiais com que os homens respondem às suas necessidades naturais. Isso significa que a palavra cultura abrange as *relações sociais e os modos de vida material e simbólico de uma sociedade*, incluindo características e valores econômicos, técnicas, estruturas políticas, comportamentos ético-morais, crenças, formas educativas e criações artísticas. Quando Edward Burnett Tylor a definiu em sua obra *Primitive culture*, de 1871, enfatizou o caráter de "hábitos adquiridos" em contraposição ao de "hábitos instintivos, naturais".

Um século depois de Tylor, Pierre Bourdieu[1] utilizou-se de três termos que, em conjunto, sugerem um conceito mais complexo, embora aproximado ao do antropólogo inglês: estrutura, *habitus* e práticas. O primeiro diz respeito àquelas regularidades que estão associadas a instituições e ambientes sociais (modos de produção e consumo de bens materiais ou abstratos, relações familiares, etc.). Tais estruturas produzem *habitus*, que é uma maneira de ser, um "sistema de disposições duráveis [...] capazes de funcionar como estruturas estruturantes, quer dizer, como princípios de geração e de estruturação de práticas", e que ao longo do tempo acaba por funcionar, inconscientemente, como um princípio ao mesmo tempo arbitrário e interiorizado. As práticas, finalmente, são o resultado dialético entre uma estrutura e um *habitus* perante uma situação real ou concreta.

Como facilmente se percebe, a definição dada pelas ciências sociais não deixa nada fora do ambiente cultural, constituindo-se fenômeno integral de uma coletividade. Trata-se de um patrimônio ao mesmo tempo material e intelectual, compartilhado e relativamente estável, composto de linguagem, formas de comportamento e de pensamento que atribuem sentido às relações humanas ou divinas, símbolos representativos, técnicas empregadas e objetos produzidos. Queira ou não, tenha-se ou não consciência disso, o homem se manifesta como ser cultural, diferenciando-se assim de todos os demais seres vivos. Deve-se perceber ainda que esse conceito mantém-se neutro, ou seja, não estipula uma escala de valores positiva ou negativa relativa ao modo de vida de uma sociedade. Trata-se antes de características coletivas e anônimas de um povo ou grupo social, criadas e transmitidas de geração a geração.

---

1 Pierre Bourdieu, *Esquisse d'une théorie de la pratique*, Genebra: Librairie Droz, 1972.

Se vincularmos, no entanto, essa concepção de cultura à de desenvolvimento, podemos então sugerir, em linhas gerais, a existência de três tipos de cultura: um primeiro tipo que não se propôs ou não incorporou, por si mesmo, a ideia de desenvolvimento, como a cultura indígena brasileira. Nesse caso, estamos diante de uma cultura estática ou estacionária. Um segundo tipo seria aquele que, embora se tenha modificado sob alguns aspectos, como, por exemplo, os materiais, conserva traços simbólicos e/ou comportamentais de épocas passadas, de tradições ancestrais, como, entre outras, e ainda hoje, as culturas islâmica, indiana e tribais africanas. Aqui encontramos culturas que poderíamos chamar de semiestáticas. Por fim, aquela cultura que se converteu em uma espécie de *flecha do tempo*, dando ênfase a conquistas e transformações permanentes, e que marcou a Europa ocidental a partir, sobretudo, do Renascimento. De certa forma, o fenômeno da globalização corresponde a uma extensão mundial desses princípios, objetivos e valores, guiados hoje pelo modo de produção capitalista.

Convém lembrar ainda que as culturas predominantemente agrárias e rurais tendem a se desenvolver de modo muito mais lento do que as urbanas.

Assim, há, ou pelo menos já existiram, culturas que não têm ou não possuíam o desenvolvimento ou a transformação como perspectiva ou ideal a ser perseguido, nem como processo a ser realizado. E outras, como a nossa, ocidental, em que a acumulação da riqueza, o domínio técnico e as transformações de toda e qualquer estrutura ou campo de ação acabaram por se impor como valores, objetivos e processos históricos. Se concordarmos com as análises de Max Weber, a principal distinção de nossa cultura, quando comparada às demais, é a de ser *racionalista* em todas as esferas do conhecimento teórico e da ação prática.

Ainda no âmbito desse entendimento socioantropológico, infere-se que o desenvolvimento cultural constitui uma mudança ou alteração: a) nas formas de controle e de utilização dos meios de produção material; b) na criação, nas estruturas e na difusão de conhecimentos teóricos e experimentos práticos; c) nos sentidos da existência e nos comportamentos sociais, assim como nas representações simbólicas da sociedade.

Um segundo entendimento da palavra cultura tem a ver com sua origem semântica. Trata-se da ação de cuidar e cultivar, não mais a terra, o campo, mas o espírito, o intelecto, os conhecimentos, a sensibilidade estética ou a memória de um fato importante e cujo feito se impôs como épico ou extraordinário. Daí Francis Bacon[2] tê-la considerado a "geórgica do espírito", lembrando que *georgia* é o termo grego para a terra cultivada.

O mesmo significado aplica-se ao termo *culto*. De um lado, na qualidade de particípio do verbo latino *colere*, indica o esmero, o cuidado, a preocupação com a linguagem e mesmo com o corpo e a saúde. Por exemplo: *Quid tam dignum cultu?* – Que coisas são tão dignas de nossos cuidados? De outro, como substantivo, aplica-se tanto a alguém que cultiva o conjunto dos conhecimentos (*cultura animi philosophia est, haec extrahit vitia radicitus: est profecto animi medicina medetur animis* - a filosofia é a cultura da alma, e extrai o vício pelas raízes: é, sem dúvida, a medicina pela qual as almas se curam[3]) quanto àqueles rituais que conservam a memória dos antepassados, de um acontecimento histórico relevante ou de uma narrativa de natureza sobrenatural e religiosa (*erudire ad cultum deorum* – ensinar a honrar os deuses). Neste caso, a cultura alude, isto é, relaciona-se com os universos simbólico e social, ou seja, com a *verdade* de um conhecimento, com o *bem* de uma ação moral e com a *beleza* de uma representação artística. Ao contrário da noção da antropologia, essa ideia de cultura indica atributos ou qualidades que as pessoas individualmente ou a sociedade podem ter em graus mais ou menos elevados, mais ou menos aperfeiçoados, mais ou menos eficazes. Em grego, corresponderia ao esforço contínuo da *paideia*, termo que conjuga a formação integral de uma pessoa a um projeto comum de vida, e que podemos encontrar na oração fúnebre de Péricles, versão de Tucídides:[4]

> Em uma palavra, digo que toda a cidade é a escola (*paideusis*) da Grécia, e se nos considerarmos individualmente, parece-me que cada um de nós se mostra autossuficiente para todas as tarefas da vida social, com a máxima graça e versatilidade, nas circunstâncias mais variadas.

Se o grego anterior ao século VI entendia a condição humana como inferior à da divindade, já que o homem é efêmero (*brotos*), enquanto os deuses são imortais (*athanatoi*), a influência da filosofia e da sofística introduziu a

---

2 Francis Bacon, *De augmentis scientiarum*, livro VII, 1623.
3 *Tusculanae Disputationes*, livro II, 13.5, citado por John Leland in *The Advantage and Necessity of the Christian Revelation*, volume II, pg. 72, edição Anthony Finley, Philadelphia, 1818.
4 Tucídides, *História da guerra do Peloponeso*, Brasília: Ed.UnB / Funag / Imesp, 2001.

oposição "grego, educado" *versus* "asiático, bárbaro" e, a partir daí, a ideia de uma superioridade humana proveniente da educação, da vida política e da filantropia. Isócrates, citado aqui por Bruno Snell[5], reafirma a diferença entre o homem e o animal pelo uso da palavra e pela possibilidade da persuasão, com as quais desenvolveram-se as leis, as artes e os ofícios, "pois vós, acima dos outros, vos distinguis naquela faculdade pela qual o homem se distingue do animal e o grego do bárbaro; na medida em que, mais do que os outros, sois educados para o raciocínio e para a arte da palavra". No universo latino, esse conceito nos leva à *excolere animum* (cultivo da alma) e à *humanitas*, ou seja, à educação ou formação do homem, na qual se incluem, simultaneamente, o domínio de si (autoconhecimento), a compreensão da natureza, o exercício moral e a participação na vida pública. Por esse motivo se entende o dito de Aristipo, recolhido por Diógenes Laércio no segundo século de nossa era: "É melhor ser mendigo do que ignorante; àquele falta dinheiro, a este, a humanidade (*antropopismós*)".[6]

Imaginando essa perfeita condição cultural, escreveu T. S. Eliot:

> Podemos pensar em refinamento das maneiras, ou em urbanidade e civilidade [...]. Podemos pensar em erudição e numa grande intimidade com a sabedoria acumulada do passado [...]. Podemos estar pensando em filosofia, em seu mais amplo sentido, no interesse por ideias abstratas e em uma certa capacidade de manipulá-las [...]. Ou podemos estar pensando nas artes [...]. Se examinarmos as diversas atividades culturais arroladas no parágrafo anterior, devemos concluir que a perfeição em qualquer uma delas, excluindo-se as outras, não pode conferir cultura a ninguém. Sabemos que boas maneiras sem educação, inteligência ou sensibilidade para as artes tendem a ser mero automatismo; que erudição sem boas maneiras ou sensibilidade é pedantismo; que a capacidade intelectual sem os atributos mais humanos é tão admirável quanto o brilho de uma criança-prodígio no xadrez; e que as artes, sem o contexto intelectual, são vaidade.[7]

A acepção clássica de cultura vinculou a vida coletiva à vida privada, ou seja, procurou estabelecer um sentido comum entre a sociedade e o indivíduo. Já

---

5 Bruno Snell, *A cultura grega e as origens do pensamento europeu*, São Paulo: Perspectiva, 2001.
6 Diogenes Laércio, *Vidas e doutrinas dos filósofos ilustres*, Brasília: UnB, 2008.
7 T. S. Eliot, *Notes towards the definition of culture*, Londres: Faber and Faber, 1988.

no ambiente renascentista, as marcas culturais da contemplação e da ação pública passaram a incluir a vida ativa, isto é, o trabalho e a aplicação científica, fazendo com que a cultura se confundisse com uma busca de caráter politécnico ou enciclopédico. Também por esse motivo, entre os meios materiais e os fins pessoais, coletivos ou institucionais da sociedade não se deveria estabelecer uma ruptura, uma ausência de elo e de complementaridade. Aliás, a crítica que Georg Simmel faz da cultura contemporânea (análise feita ao fim da Primeira Guerra Mundial em *O conflito da cultura moderna*)[8] fundamenta-se justamente na multiplicação de fatores ou de instâncias intermediárias entre as criações objetivas e a capacidade do indivíduo de ligá--los e dar-lhes coerência, tanto quanto na autonomização das técnicas e dos processos burocráticos. Com isso, o indivíduo e a vida coletiva deixam de ser finalidades e assumem ambos uma submissa condição de *meios*.

Ao mesmo tempo, essa concepção mais restrita que nos foi legada pela Antiguidade vê nas coisas do espírito, nas ações imateriais ou simbólicas, uma compensação do mundo real, que é, simultaneamente, um mundo áspero, limitado, penoso ou ainda insensível e competitivo, justamente por seu constante imediatismo, pela compulsão das necessidades primárias, por estar preso a uma realidade demasiadamente crua, a relações enganosas ou efêmeras, a situações de injustiça. Diferentemente, o mundo da cultura, que seria o da contemplação, da sabedoria, da memória, do bem, da verdade e do belo, pode ser apenas ideal ou ilusório, mas escapa àquilo que Platão já escrevia nas Leis:

> A ordem justa da alma é destruída pela cobiça da riqueza, que ocupa os homens a ponto de não terem tempo para nada, além da preocupação com suas propriedades. O cidadão se empenha nisso com toda a sua alma, de modo que em nada pensa além do ganho diário.[9]

É possível encontrar em alguns autores uma distinção entre duas esferas de ações humanas, como faz notar Marcuse em seu texto "Sobre o caráter afirmativo da cultura":[10] uma que responde a necessidades e finalidades

---

8   Georg Simmel, *La Tragédie de la Culture et Autres Essais*, Editions Rivages, 1993.
9   Platão, *Leis*, tradução e notas de Edson Bini, São Paulo: Edipro, 1999.
10 Herbert Marcuse, "Sobre o caráter afirmativo da cultura" em *Cultura e sociedade*, v.1, Rio de Janeiro: Paz e Terra, 1997.

materiais, mais corriqueiras e imediatas, e que o autor chama de *civilização*; outra, que se encontra para além daquelas necessidades, abrindo-se a perspectivas espirituais de conhecimento, de formações ideológicas, de satisfação psíquica, de divertimento, liberada ou menos comprometida com uma finalidade compulsória – esta segunda esfera seria a da *cultura*. De um lado, à maneira marxista, trata-se de um processo secundário, derivado ou de uma superestrutura. De outro, a arte, e aqui poderíamos incluir a filosofia, a contemplação e a festa, propõe-se como remédios (*pharmakon*) para o caráter trágico da vida, como lenitivos ou consolações aos sofrimentos corriqueiros da alma.

Existem autores que dão ao entendimento de cultura um sentido de *evolução e aperfeiçoamento*, contraposto a uma situação original de barbárie (Hobbes, os Iluministas, Herder, Ortega y Gasset, por exemplo), e outros que lhe veem como *sublimação, perda da naturalidade ou de um estado idílico original*: Jean de Léry (*Viagem à terra do Brasil*), Montaigne (*Sur les cannibales*), Rousseau (*Discours sur les origines de l'inégalité*), Nietzsche (*O nascimento da tragédia*) ou Freud (*Kultur und Unbehagen*).

Johann Herder, por exemplo, escreve:

> O ser humano encontra-se, no mais nobre sentido que se lhe possa atribuir, predisposto para a cultura e a linguagem. Perto do solo, todos os sentidos do homem tinham apenas um pequeno alcance e os inferiores sobressaíam-se frente aos mais refinados, como nos mostra o exemplo do homem selvagem. O olfato e o paladar eram, como no animal, seus condutores. Ereto, no entanto, sobre a terra e a vegetação, não mais predomina o olfato, e sim a visão; com ela, descortina-se um reino mais amplo à sua volta; e ela mesma se aprimora já na infância com uma geometria de linhas e de cores mais finas [...]. Com a formação de seu andar ereto, o homem adquiriu mãos livres e artísticas, ferramentas de uma manipulação elaborada e um tato permanente para desenvolver ideias novas e claras. Nesse sentido, Helvétius tem razão: a mão do homem lhe foi oferecida como um grande auxílio para a Razão.[11]

---

[11] Johann Herder, *Ideen zur Philosophie der Geschichte der Menschheit*, livro IV (versão digital em textlog.de).

Ao contrário, opina Nietzsche:

> O consolo metafísico de que a vida, no fundo das coisas, apesar de todas as mudanças das aparências fenomenais, é indestrutivelmente poderosa e cheia de alegria; e esse consolo aparece com nitidez no coro satírico, como coro de seres naturais que vivem indestrutíveis por trás de toda a civilização [...] com que garra destemida ia o grego pegar o seu homem natural [...]. A natureza, na qual ainda não laborava nenhum conhecimento, na qual os ferrolhos da cultura ainda continuavam inviolados – eis o que o grego via no sátiro [...]. Era a protoimagem do homem, a expressão de suas mais altas emoções [...] sua vista passeava com sublime satisfação sobre os traços grandiosos da natureza, ainda não velados nem atrofiados; aqui a ilusão da cultura fora apagada da protoimagem do homem [...]. Diante dele, o homem civilizado se reduzia a mentirosa caricatura.[12]

Considerando-se que os termos civilização e cultura são por vezes utilizados como expressões sinônimas, convém registrar que Norbert Elias, em seu livro *Sobre o processo da civilização, investigações sociogenéticas e psicogenéticas*, defende a ideia de que a civilização ocidental, principalmente a partir da Idade Média, constituiu-se de uma progressiva domesticação das pulsões naturais. Para isso, muito contribuiu, sobretudo na França e na Inglaterra, a contaminação que a burguesia ascendente teve dos hábitos comportamentais da aristocracia, da chamada sociedade de corte. Foi porque essa sociedade soube se abrir e influenciar a burguesia que seus valores puderam ser difundidos, posteriormente, mesmo entre as classes mais baixas ou populares. E que hábitos eram esses que se expandiram pela sociedade, tornando-a, em seus termos, civilizada? Maneiras de se comportar à mesa e de comer, maneiras de falar, conforme as pessoas com quem se fala, maneiras de se vestir, de acordo com o ambiente a ser frequentado. Em síntese, tratou-se de uma autoimposição de hábitos de polidez, de cortesia, de respeito e de pudor, do que veio a ser chamado *boas maneiras* ou *civilidade*. "Este conceito recebeu seu cunho e função específicos aqui discutidos no segundo quartel do século XVI. Seu ponto de partida individual pode ser determinado com exatidão. Deve ele o significado específico adotado pela

---

12 Friedrich Nietzsche, *O nascimento da tragédia*, tradução de Jacó Guinsburg, São Paulo: Companhia das Letras, 2001.

sociedade a um curto tratado de autoria de Erasmo de Roterdam, *De civilitate morum puerilium* (Da civilidade em crianças), que veio à luz em 1530 [...]. Ainda durante a vida de Erasmo, isto é, nos primeiros seis anos após a publicação, teve mais de 30 reedições. No total, houve mais de 130 edições, 13 das quais em data mais recente, como o século XVIII [...]. O livro de Erasmo trata de um assunto muito simples: o comportamento de pessoas em sociedade e, acima de tudo, embora não exclusivamente, do 'decoro corporal externo'".[13] O processo civilizatório correspondeu, pois, a um desenvolvimento de convenções sociais, mais tarde acrescidas por práticas sanitárias cotidianas, e que significam uma introjeção ou interiorização de limites e de regras comuns de convivência.

Assim, palavras como civilidade e civilizado começaram a ser mais empregadas no século XVII e o *Dicionário universal*, de Furetière, definiu o termo civilidade como "maneira honesta, doce e polida de agir e de conversar". Montesquieu, no *Espírito das leis*, reconhece que é civilidade aquilo que nos impede de exteriorizar os nossos vícios. Conforme diz Lucien Febvre:

> Durante todo o século XVII, os autores franceses classificam os povos segundo uma hierarquia ao mesmo tempo vaga e bastante determinada. No mais baixo nível, os selvagens. Um pouco mais acima, sem que haja uma distinção precisa entre as duas espécies, os bárbaros. Depois disso, tendo-se vencido uma etapa, encontram-se os povos detentores de civilidade, de polidez e, enfim, de uma sábia *polícia*.[14]

No século seguinte, no entanto, os intelectuais alemães, comprometidos com as ideias políticas de transformação social, com as formas artísticas e as tradições populares, com os valores do romantismo estético, separaram os conceitos de civilização e de cultura. Para civilização, conservaram apenas o sentido de urbanidade, polidez, educação de hábitos sociais e aprimoramento da sensibilidade. Enfim, os comportamentos sociais. E para cultura, um

---

13 Norbert Elias, *Sobre o processo da civilização, investigações sociogenéticas e psicogenéticas*, v.1, capítulo II, Rio de Janeiro: Jorge Zahar, 1990.
14 Lucien Febvre, *Civilisation, le mot et l'idée*, 1929 (versão digital da Universidade do Québec, *Les Classiques des Sciences Sociales*, disponível em http://classiques.uqac.ca/classiques/febvre_lucien/civilisation/civilisation.html). Nota do autor: entenda-se polícia como um conjunto de leis destinado à segurança da vida, por meio da moral, da ordem e de costumes pacíficos.

conjunto de produtos criados pela ciência, pela arte e pela religião. Por esse motivo, Kant escreveu, em *Ideias sobre uma História Universal, de um ponto de vista de um cidadão do mundo,* que "somos cultivados até um alto nível pelas artes e as ciências; somos civilizados para exercer todos os tipos de decoro e conveniências sociais".[15] Assim, se poderia pensar em alguém que fosse bem educado, mas inculto; ou culto e mal educado.

No século XIX, entretanto, encontramos a exposição introdutória de François Guizot à sua *História geral da civilização na Europa*[16], na qual o conceito alcança a máxima extensão. Opina o historiador:

> A etimologia da palavra [civilização] parece responder de modo claro e satisfatório: ela diz que é o aperfeiçoamento da vida civil, o desenvolvimento da sociedade e das relações dos homens entre si [...] quando se pronuncia a palavra civilização, vem-nos imediatamente ao espírito um maior dinamismo e a melhor organização das relações sociais: de um lado, uma produção crescente de meios instrumentais e de bem-estar na sociedade; de outro, uma distribuição mais equitativa entre os indivíduos, da força de produção e dos bens produzidos. Isso é tudo, senhores? Esgotamos o sentido natural, usual da palavra civilização? Ao instinto dos homens repugna uma definição tão estreita do destino da humanidade. Parece-lhe, sob um primeiro aspecto, que a palavra civilização abrange qualquer coisa de mais extenso, mais complexo, de superior à pura perfeição das relações sociais [...]. Um outro desenvolvimento que não apenas o da vida social se manifesta de maneira clara: a evolução da vida individual, da vida interior, das faculdades humanas pelo próprio homem, de seus sentimentos e ideias [...]. As letras, as ciências e as artes estendem todo o seu brilho. Em todos os lugares onde o gênero humano vê resplandecer essas grandes imagens [...] ele reconhece e dá-lhe o nome de civilização.

E podemos ainda utilizar a palavra cultura para nos referirmos ao conjunto formado pela língua, com suas variantes dialetais ou prosódicas, pelos comportamentos sociais ou hábitos cotidianos mais evidentes e por aquelas criações artísticas ou artesanais populares que se tornaram marcantes de

---

15 Immanuel Kant, *Ideias sobre uma História Universal, de um ponto de vista de um cidadão do mundo,* São Paulo: Martins Fontes, 2004.
16 François Guizot, *Histoire générale de la civilisation en Europe, depuis la chute de l'empire romain jusqu'à la révolution française,* Bruxelas: Lacrosse, 1838.

um grupo, de uma comunidade, de um povo ou de populações, mesmo as que convivem em estados políticos diferentes. Alguns exemplos brasileiros servem para ilustrar esse entendimento. Os costumes gaúchos aproximam mais as populações rurais do Rio Grande do Sul, do Uruguai e da Argentina do que os rio-grandenses dos nortistas; a culinária e o sotaque nordestinos se espalham por vários estados da região com menos variações do que o jeito mineiro de se alimentar e de se expressar. Por outro lado, formou-se um vínculo muito estreito entre a ideia de Brasil e os gêneros musicais populares que se desenvolveram entre o final do século XIX e a primeira metade do XX: samba, maxixe, choro, baião e bossa-nova. Na mesma época, a "alma" argentina ganhou contornos mais nítidos por meio do tango e da milonga. Sob tal ponto de vista, a cultura é aquilo que atribui um caráter, uma espécie de essência espiritual. Por distinguir, identifica e transmite um sentimento de mútuo pertencimento étnico ou nacional. Daí também a ideia de que a mudança ou um movimento real de transformação venha corroer ou descaracterizar os traços mais salientes desse caráter, pondo em risco uma identidade já construída.

Essas características linguísticas, étnicas e comportamentais se converteram mais recentemente, ou seja, após a supremacia do neoliberalismo econômico e político e o fim da dicotomia capitalismo e comunismo, no tema até certo ponto controvertido dos direitos culturais ou do multiculturalismo (ver o último capítulo). Assim é que os chamados direitos culturais dizem respeito não a uma reivindicação política, que é universal, como o direito de voto, por exemplo, mas ao direito de ser diferente pela origem étnica, pelo gênero ou pelas preferências sexuais.

AÇÃO CULTURAL

1. Pressupostos político-sociais: o Estado, a sociedade civil e a cidadania

Reconstituir o percurso, estabelecer uma definição e circunscrever ou relacionar as possibilidades práticas das *ações e animações culturais* ainda são tarefas em andamento. Tanto em razão de um tempo relativamente curto de estudo do próprio objeto como em virtude de sua enorme variabilidade empírica.

A esse respeito, emprega-se ainda o termo *ação sociocultural,* pois que tal qualificação – *sócio, social* – indica, em primeiro lugar, o conjunto das diversas estruturas e formas de relações humanas no interior de uma sociedade (relações institucionais de poder, econômico-produtivas, familiares, comunicativas, educacionais, etc.). No entender, por exemplo, de Georg Simmel[1], o social abrange todo o conjunto das interações humanas (*die Wechselwirkung*), desde os "grandes órgãos e sistemas" (Estado, família, empresas, associações profissionais) até aquelas só acessíveis à "microscopia psicológica", ou seja, as milhares de relações entre apenas um indivíduo e outro, vividas duradoura ou momentaneamente. Em segundo lugar, entenda-se o social como os objetivos de transformação ou de melhoria das condições de vida (materiais e simbólicas) das classes, estratos, camadas ou grupos sociais pobres, despossuídos ou necessitados, tendo-se em vista alcançar uma situação de maior equilíbrio no acesso ou na distribuição das riquezas, dos conhecimentos, das oportunidades e experiências de vida. Nesta segunda acepção, podemos incluir o juízo de Baudrillard, que, embora irônico, conserva o entendimento do social como *redistribuição de riquezas:*

---

1   Georg Simmel, *Sociologia*, Madri: Alianza Editorial, 1977.

O social existe para garantir o consumo inútil da sobra, a fim de que os indivíduos se dediquem à gestão útil de suas vidas [...]. O social existe para cuidar de absorver o excedente de riqueza que, redistribuído sem outra forma de processo, arruinaria a ordem social, criaria uma situação intolerável de utopia.[2]

Inegável, no entanto, é o fato de o conceito de ação/animação cultural ter surgido apenas no século XX, em decorrência de projetos sociopolíticos concebidos, por sua vez, na transição entre os séculos XVIII e XIX, por direta ascendência de valores, ideias e de organizações que, em comum, apenas se opunham ao *ancien régime*, ou seja, ao absolutismo, ao mundo aristocrático e a seus tradicionais privilégios, com os quais se conservava a rígida estrutura das sociedades tradicionais, assentadas na riqueza fundiária. Entre aqueles projetos sociopolíticos, que M. Gauchet reuniu sob o título de "A revolução dos direitos do homem"[3], encontramos os dos liberais, dos social-democratas, radicais democratas, democratas cristãos, socialistas, comunistas e anarquistas[4]. Por isso mesmo, além das condições materiais e produtivas que o capitalismo forjava à época, exerceram poderosa influência para "os direitos do homem" três conjuntos de pensamentos que, curiosamente, correspondem a culturas distintas: a economia política inglesa, o liberalismo francês e a filosofia alemã, esta última, sobretudo, em suas vertentes hegelianas de esquerda e direita. Uma clara indicação dessa modernidade política pode ser entrevista na seguinte menção, escrita nos anos de 1820:

> O que torna os homens moralmente descontentes é que eles acham que o presente não corresponde aos fins que consideram justos e bons (particularmente os ideais constitucionais, nos dias correntes); opõem a tal existência o dever daquilo que é o direito da coisa. Aqui, não é o interesse particular nem a paixão que exigem satisfação, mas a razão, o direito, a liberdade [...]. *Em nenhuma época, proposições e pensamentos universais foram manifestos de forma tão pretensiosa como na nossa. Se a história*

---

2 Jean Baudrillard, *À sombra das maiorias silenciosas ou o fim do social*, São Paulo: Brasiliense, 1985.
3 Marcel Gauchet, *La révolution des droits de l'homme*, Paris: Galimard, 1989.
4 Nesse rol poderíamos incluir até mesmo duas outras fórmulas: a utilitarista de Jeremy Bentham (a maior felicidade para o maior número, valendo todos o mesmo) e a política hedonista de Helvétius (se a felicidade é o valor supremo e se a felicidade pública deve prevalecer sobre a individual, então é possível sacrificar direitos e liberdades pessoais em favor da maior felicidade do maior número).

parecia outrora apresentar-se como uma luta de paixões, ela se mostra em nossos tempos essencialmente sob o disfarce de legitimações superiores, embora não faltem paixões.[5]

Para alguns analistas teria ocorrido, juntamente com a expansão democrática desse longo período, uma gradativa aproximação entre Estado e sociedade, outorgando-se ao primeiro termo (o Estado) a possibilidade de intervir ou assumir as demais esferas da vida social. Que se leia, por exemplo, Jacob Burckhardt:

> Esta concepção de mundo [a democracia], que brota de mil fontes diferentes, varia muito segundo a formação de seus adeptos, mas num ponto ela é conseqüente: para ela, o poder do Estado sobre o indivíduo jamais é suficientemente grande, de modo que ela apaga os limites entre Estado e sociedade e atribui ao Estado tudo o que, provavelmente, a sociedade, por si mesma, não fará.[6]

Assim, na opinião de Carl Schmitt a evolução teria sido do Estado absoluto do século XVIII para o Estado não-intervencionista do XIX e deste para o Estado total do XX:

> A democracia deverá abolir todas as distinções, todas as despolitizações típicas do século XIX liberal e, ao apagar a oposição Estado-Sociedade, fará também desaparecer as contraposições e as separações que correspondem à situação do século XX, notadamente o religioso, o cultural, o econômico, o jurídico e o científico em oposição ao político.

Pensando-se ainda os extremos possíveis do novo par, haverá uma direção que conduz ao socialismo de Estado, no qual a sociedade civil a ele se submete, e outra que leva ao ultraliberalismo ou ao anarquismo, nos quais a sociedade se torna a instância única ou suprema das relações. Raciocinando-se de modo radical: ou se acredita que a sociedade não tem consistência própria, daí a necessidade das intervenções estatais, ou que ela se mantém coesa por si só, cabendo ao Estado apenas zelar pelas liberdades que ela "naturalmente"

---

5   Georg Wilhelm Friedrich Hegel, *Filosofia da história*, Brasília: UnB, 1995 (grifos meus).
6   Jacob Burckhardt, *Weltgeschichtliche Betrachtungen – Considerações sobre a história do mundo*, de 1870, citado por Carl Schmitt, *O conceito do político*, Petrópolis: Vozes, 1992.

exprime e deseja. De maneira genérica, portanto, a história dos direitos sociais, e, nesse universo, a das ações e políticas culturais, tende a ampliar o papel do Estado, ainda que somente pelo viés jurídico-legal.

Nessa mesma direção, Boaventura de Sousa Santos estabelece vínculos temporais entre o capitalismo e o projeto da modernidade sociocultural, tendo ambos se caracterizado, de maneira contraditória, por objetivos de regulação e de emancipação. Após uma fase de *laissez faire*, ter-se-ia seguido o período do *capitalismo organizado*, situado entre o final do século XIX e a década de 1970. Neste aqui, diz o sociólogo:

> O Estado é, ele próprio, um agente ativo das transformações ocorridas na comunidade e no mercado e, ao mesmo tempo, transforma-se constantemente para se adaptar a essas transformações. A sua articulação cada vez mais compacta com o mercado evidencia-se na progressiva regulamentação dos mercados, nas ligações dos aparelhos do Estado aos grandes monopólios, na condução das guerras e de outras formas de luta política pelo controle imperialista dos mercados, na crescente intervenção do Estado na regulação e institucionalização dos conflitos entre capital e trabalho. Por outro lado, o adensamento da articulação do Estado com a comunidade está bem patente na legislação social, no aumento da participação do Estado na gestão do espaço e nas formas de consumo coletivo, na saúde e na educação, nos transportes e na habitação, enfim, na criação do Estado-Providência.[7]

De maneira mais evidente ainda, o papel do Estado tornou-se fundamental com a crise de 1929, a partir da qual o capitalismo oligopolista rendeu-se à necessidade de ingerência e condução do poder público. Daí que:

> Ao contrário do que sucedera no curso de crises precedentes, quando fora dado livre curso às "leis naturais", assistimos [...] a uma intervenção cada vez mais ativa do Estado, ao crescente controle de toda a economia nacional, e a medidas variadas que, todas, resultam na redução da esfera de ação do capitalismo privado [...]. É o Comitê Harriman da Câmara do Comércio dos Estados Unidos que pede, desde outubro de 1931, a adoção de um "programa nacional de produção e distribuição", a "coordenação dos problemas econômicos"

---

[7] Boaventura de Sousa Santos, *Pela mão de Alice*, São Paulo: Cortez, 1995, 7ed.

por um conselho nacional; em 1932, um membro do Conselho do Reich, Dr. Hermann Bücher, é quem declara findos os tempos do *laissez-faire* e do *laissez-passer*, do individualismo ilimitado [...]. O Estado ampliou, pois, o seu campo de atividade no curso destes anos. Não só através de medidas gerais, sistema fiscal, direitos de aduana, grandes obras e leis sociais, mas também através de intervenções particulares, socorros a empresas ameaçadas [...], nacionalização mesmo, direção da produção em certos setores e, para os países autárquicos, em todos os terrenos da vida econômica.[8]

Consequentemente, ao lado de reivindicações propriamente civis (liberdades pessoais e de ação econômica) e políticas (direitos a voto, representação e associação), isto é, aquelas conhecidas como direitos de *cidadania formal*, formularam-se outras adicionais, entre as quais as de caráter simbólico ou cultural, o que ensejou o modelo posterior de uma cidadania *social* ou *substancial*.

Aqui já não é o conceito de *liberdade* que predomina, mas o de *igualdade* ou *equilíbrio social*, o que significa redistribuição da riqueza gerada e ampliação de conhecimentos, benefícios ou comodidades práticas geradas por uma sociedade progressivamente avançada – do ponto de vista científico-tecnológico –, altamente produtiva e socialmente complexa. A cidadania substancial baseia-se, então, não na ideia de um *Estado natural anterior* (típica da cidadania formal), mas em uma *disposição social a ser construída e conservada*, conduzida pela ação do Estado. Como bem observa Hannah Arendt, nada estabelece igualdades, a não ser a cidadania política (para além da morte, fato natural e irrecorrível). Dito de outra forma, não se parte da igualdade para a instituição da cidadania, e sim desta para aquela.

Fundamenta-se ainda no reconhecimento de que a sociedade pode manter, aprofundar ou criar desigualdades sociais (para além das diferenças pessoais, biológicas, inatas e necessárias) e, consequentemente, deve estipular mecanismos que permitam aos indivíduos reduzir as distâncias de renda e de acesso aos bens produzidos, materiais e imateriais, inclusive pela necessidade de se evitarem conflitos agudos de classe. Assim, o conteúdo dessa cidadania acrescenta às liberdades formais outras e novas garantias, pagas ou asseguradas por intermédio do sistema tributário (impostos, taxas e contribuições) ou

---

[8] Maurice Crouzet (direção), *História geral das civilizações*, tomo VII, São Paulo: Difusão Europeia do Livro, 1961.

de mecanismos paralelos, como percentuais de jogos e loterias. Entre outras, e na dependência de circunstâncias históricas, as garantias de:

- *proteção ao trabalho* (regulamentos, remuneração mínima, tempo livre, dentro do qual se incluem o repouso semanal e as férias, o que, por sua vez, permite o desenvolvimento do lazer);
- *educação* (formal e informal, gratuita em todos os níveis);
- *seguridade social* (auxílio desemprego, aposentadoria e pensões) e de *saúde* (acesso a serviços públicos ou conveniados);
- *habitação* (créditos especiais);
- *segurança pública*.

Modernamente, introduziram-se políticas ou programas de estímulo à produção e ao acesso a atividades *artísticas* e *esportivas*, como também de *proteção ambiental* (preservação de ecossistemas, de vida selvagem, implantação de reservas naturais e controle de poluentes). Em síntese, a moderna ação cultural integra os pressupostos e as perspectivas políticas de um Estado de Bem-Estar Social (*Welfare State, Wohlstand*) ou de uma democracia social.

Mas é perfeitamente cabível nos perguntarmos se outras ações e instituições mais antigas – por exemplo, no âmbito das artes e do pensamento – já não constituiriam, apropriada e igualmente, *ações culturais*. E a resposta só pode ser uma e afirmativa. Alguns exemplos, distintos no conteúdo e no tempo, o comprovam com facilidade.

Não há como negar que a instituição dos concursos cívico-teatrais gregos em fins do século VI a.C. (sob a tirania de Psístrato) ensejou a tradição insuperável da encenação e da literatura dramáticas, ou que a construção do museu-biblioteca de Alexandria, realizada pelos Ptolomeus Sóter e Filadelfo (cujos acervos foram ampliados por descendentes da mesma dinastia lágida), cumpriu um papel inestimável para a cultura ocidental na guarda e na difusão dos saberes da Antiguidade. A este respeito, vale lembrar o que sobre ele escreveu Ernst Curtius:

> Na aparência, uma associação cultural sob a direção de um sacerdote das Musas e, de fato, uma academia de sábios, com uma biblioteca de mais de 500 mil volumes. A plenitude de poderes dos príncipes patronos precisou unir-se

à ciência e à filosofia gregas para criar uma instituição que foi um dos pilares no aqueduto da tradição ocidental.[9]

A pedido de Guillaume Budé, o rei Francisco I criou, em 1530, o Colégio de Leitores do Reino, reinstalado como Colégio de França sob Henrique IV. Na época de sua fundação, o Colégio ministrava matérias que a Universidade de Paris não havia incluído em sua grade: matemáticas, grego e hebreu. Ainda hoje a instituição não se confunde com universidade ou centro de pesquisa, pois, ainda que ofereça dezenas de cursos e seminários, são todos eles de livre frequência e sem direito a diplomas oficiais.

O mesmo se pode dizer da iniciativa pioneira do Vaticano na organização e exposição de seus acervos, medida efetivada pelos papas Clemente XIV e Pio VI, que tornaram pública a visitação aos museus da Santa Sé (1770 e 1775, respectivamente). Atitude até mesmo anterior à Revolução Francesa, que adotou uma política de monumentos em 1791 e promoveu a transformação do palácio real do Louvre em instituição museológica em 1793.

Se tivermos o cuidado de investigar as formas histórico-sociais de produção cultural, ou seja, as formas de *patronato* e *mecenato*, encontraremos ações culturais de tipos diversos, como a *instituída*[10] (a dos poetas gregos ou a dos bardos gauleses, sustentados pela comunidade de nascimento), de *transição* medieval (favorecimento e dependência de uma família nobiliárquica) ou de *encomenda e contratação*, esta aqui responsável, em grande medida, pelas excepcionais qualidade e quantidade de obras artísticas da Renascença.

No transcorrer do século XIX, no entanto, as relações sociais de produção cultural modificaram-se a ponto de comportar novas características, quando comparadas às anteriores.

Até então, as ações de incentivo ou de proteção artísticas e intelectuais encontravam-se restritas aos universos da nobreza, da aristocracia, da Igreja Católica ou do mundo acadêmico. Constituíam, pois, símbolos de classe e de consumo conspícuo, prestavam-se ao adorno e à propaganda religiosas ou alimentavam os círculos da alta cultura e da tradição humanista. Por outro lado, estimulavam mais a produção de obras do que a sua difusão ou aprecia-

---

9   Ernst Curtius, *Literatura europeia e Idade Média latina*, São Paulo: Edusp, 1996.
10 Utilizo aqui a terminologia e a classificação de Raymond Williams.

ção exterior, por aquela se destinar e permanecer restrita a um círculo pouco extenso de apreciadores (salvo a arte praticamente pública das igrejas).

Naquele século, entretanto, a ação cultural forjou, gradativamente, uma dimensão social até então inédita, influenciada por fatores vários e simultâneos, entre eles a mentalidade iluminista, as perspectivas revolucionárias (americana e francesa), as concessões da burguesia e do liberalismo ascendentes e ainda o espírito romântico de valorização da cultura popular ou folclórica (Herder, o *Sturm und Drang*, a exaltação do *Volksgeist*), ainda que Iluminismo e Romantismo apresentassem contradições por vezes irreparáveis entre si.

De maneira simultânea e complementar, a industrialização e a urbanização capitalistas criavam: 1) uma sociedade radicalmente *mercantil*, na qual prevalece, em quase tudo, o valor de troca; 2) uma sociedade com fortes tendências à *mundialização* das relações produtivas, sociais e culturais e 3) uma sociedade *de massa*, ou seja, formada pelo novo proletariado, concentrado nos principais centros produtivos da Europa e dos Estados Unidos, e na qual se incluíam trabalhadores assalariados – operários fabris, funcionários públicos e comerciários –, artesãos autônomos e pequenos camponeses.

Aqui, é conveniente mencionar-se que a população inglesa saltou de 18 milhões para 24 milhões entre 1781 e 1831, e 40% daquele último contingente já se encontrava ocupado no setor secundário da economia. E que, em 1840, a região industrializada da América do Norte contava com 10 milhões de habitantes, quando todo o país possuía apenas 4 milhões em 1790. Em termos gerais, a população europeia mais do que dobrou no transcurso do século. Somente nos seis principais Estados, aumentou de 153 milhões para 321 milhões, alcançando 460 na totalidade.

Esse extraordinário crescimento populacional gerou também um movimento migratório dos mais importantes para o mundo ocidental. Entre as duas últimas décadas do século XIX e a primeira do seguinte, assistiu-se, por exemplo, à emigração anual de cerca de 450 mil britânicos e de 400 mil italianos em direção ao "Novo Mundo". Ou à de 700 mil russos para o oeste europeu e as Américas.

Salvo os Estados Unidos e o Japão, que se desenvolviam com ímpeto e características semelhantes, a Europa (sobretudo Grã-Bretanha, França e Alemanha) dominava o mercado comprador de matérias-primas e de alimentos do resto do mundo; ao mesmo tempo em que fornecia 62% das exportações, fixava, soberanamente, os preços de fretes, seguros e de operações bancárias e mantinha investimentos exteriores que lhe asseguravam uma folgada balança comercial.

Juntamente com o predomínio material, o velho continente continuava a exercer uma indiscutível superioridade intelectual e político-cultural. Estudantes e técnicos afluíam para suas universidades; traduziam-se os seus manuais de ensino, teses, teorias e publicações; copiavam-se as novidades artísticas e algumas nações procuravam adotar ou se adaptar, ainda que timidamente, às instituições políticas e representativas europeias, com suas tendências capitalistas e liberais, positivistas ou socializantes.

Por consequência, as novas relações sociais de produção intelectual e artística tiveram de se adaptar ao formato e às condições do modelo capitalista. Passaram a constituir um sistema de compra e venda de bens abstratos e de objetos artísticos, no qual o autor, agora livre para o mercado, tinha, em contrapartida, os direitos de propriedade da obra ou do processo criativo. Em tal situação, a produção cultural aumentava sua dependência dos jogos políticos e das forças econômicas, aqui incluído um mercado aberto e anônimo, povoado por consumidores indistintos, medianos e volúveis (no sentido de adeptos permanentes de novidades, como as novas tecnologias industriais faziam prever).

No interior desse conjunto em franca expansão e mobilidade, o papel desempenhado por estamentos intelectuais médios – escritores, professores, artistas, jornalistas, militantes políticos e sindicais, etc. – repercutiu favoravelmente nos ambientes proletários europeus, o que modificou as feições e as perspectivas da antiga ação cultural, imprimindo-lhe então uma tendência marcadamente sociopolítica sob governos republicanos ou monárquicos, porém constitucionalmente representativos ou de maior envergadura democrática.

Entre os objetivos mais imediatos, tratava-se de: a) alfabetizar o povo, a fim de se minimizar sua ignorância, dar-lhe maior flexibilidade social e instrumentá-lo tanto profissional quanto politicamente; b) divulgar as manifestações populares, sobretudo as artísticas, com o intuito de contrapor um "poder cultural" às expressões aristocráticas já em declínio; c) difundir nos meios sociais menos escolarizados, e de maneira facilitada ou vulgarizada, alguns elementos ou expressões da alta cultura.

Em resumo, a ação cultural assumia o encargo de uma *educação popular*, também relacionada ao ideal iluminista segundo o qual o povo deveria ser estimulado a romper com o torpor intelectual e apropriar-se das ferramentas do pensamento crítico. Se a inércia intelectual tinha sido uma característica das comunidades camponesas, perspectivas muito diferentes abriam-se para as novas classes urbano-industriais. A educação popular seria uma resposta adequada àquela situação que Ortega y Gasset chamou de "domínio político das massas", caracterizado pela crescente influência social dessa grande aglomeração e que, por suas manifestações diretas ou por meio de seus representantes, exigia então "a elevação de seu nível histórico". De um lado, isso significava, por exemplo, seguir as recomendações do Relatório sobre a Educação, entregue à Assembleia Legislativa Francesa, em abril de 1792, e no qual o marquês de Condorcet, ao mesmo tempo, advertia e recomendava:

> A instrução deve ser universal, isto é, estender-se a todos os cidadãos. Deve-se reparti-la com toda a igualdade que permitam os limites necessários dos gastos, da distribuição dos homens sobre o território e o tempo que lhe podem dedicar as crianças. Deve abarcar, em seus diversos graus, o sistema completo dos conhecimentos humanos e garantir aos homens, em todas as idades da vida, a facilidade de conservar seus conhecimentos ou de adquirir outros novos [...]. Oferecer a todos os indivíduos da espécie humana os meios de prover as suas necessidades, de assegurar o seu bem-estar, de conhecer os seus direitos, de entender e cumprir a possibilidade de aperfeiçoar suas habilidades, de se tornar capaz de exercer funções sociais para as quais tem o direito de ser chamado, de desenvolver os talentos recebidos da natureza e, por tais meios, estabelecer uma igualdade de fato, de tornar real a igualdade política reconhecida pela lei.[11]

Sugeria, por conseguinte, dar continuidade à instrução "durante toda a vida, pois assim impedir-se-á que se apaguem da memória os conhecimentos adquiridos nas escolas". Com essa proposta e entendimento, surgia também uma primeira manifestação oficial de *educação permanente*, objetivo intimamente vinculado à ideia moderna de ação cultural.

Por outro lado, no entanto, aquela mesma elevação – voltando-se às palavras do filósofo espanhol – corria o risco de servir mais "à transformação dos luxos em necessidades e à popularização dos confortos" do que a uma formação integral, séria e humanista, pois:

---

11 *Vers les Temps Nouveaux par l'Éducation Intégrale et par la Femme*, de Firmin Raillon, Librairie Leon Vanier, versão eletrônica da gallica.bnf.fr.

Quando se estuda a estrutura psicológica deste novo tipo de homem-massa, encontra-se o seguinte: em primeiro, a impressão radical de que a vida é fácil, sem limitações trágicas; portanto, cada indivíduo médio encontra em si uma sensação de domínio e triunfo que, em segundo lugar, o convida a afirmar-se a si mesmo tal como é, e dar por bom e completo o seu haver moral e intelectual.[12]

Alguns acontecimentos sociopolíticos, ocorridos principalmente após as sangrentas jornadas revolucionárias de 1848, na França, e que envolveram e possibilitaram os movimentos posteriores de educação popular e ação cultural, podem ser relembrados a seguir: a formação de sociedades, ligas, clubes ou partidos políticos (a Liga dos Justos, no entanto, antecessora da Liga dos Comunistas, data de 1838); a criação de numerosos sindicatos de trabalhadores, segundo categoria ou região; a luta pela instituição de leis democráticas e de reformas constitucionais; o movimento religioso do século XIX.

Dentre os exemplos de tais reivindicações e tendências podemos lembrar a criação, em 1863, de dois partidos socialistas na Alemanha, o de Lassalle e o de Bebel e Liebknecht; o direito de greve e de sindicalização outorgado por Napoleão III, em 1864; a extensão do voto às classes populares da Grã-Bretanha, concedida pelo gabinete *torie* de Disraeli, em 1867; o livre sindicalismo instaurado em 1890 na Alemanha de Bismarck; a expansão das entidades confessionais (missionárias e pastorais, católicas e protestantes), devotadas a obras educacionais e de caridade, assim como a doutrina social da Igreja Católica, proclamada nas encíclicas *Rerum novarum*, de Leão XIII, e *Quadragesimo Anno*, de Pio XI. Em conjunto, reafirma-se a necessidade de reconhecer o papel social das propriedades pública e privada, ao mesmo tempo em que se condena o liberalismo econômico irrefreado e o socialismo.

A partir de 1905, não são poucas as greves de caráter nacional e mesmo revolucionárias que passam a eclodir na Europa. A cada ano que passa, as manifestações do Primeiro de Maio atestam a força do sindicalismo e dos partidos de trabalhadores. Por essa época, a Grã-Bretanha já conta com quatro milhões de sindicalizados, a Alemanha com mais de três milhões e meio e a França com um milhão. "Os parlamentos contam 28% de repre-

---

12   Jose Ortega y Gasset, *La rebelión de las masas*, Madri: Tecnos, 2003.

sentantes operários na Alemanha, 25% na Noruega, 20% na Bélgica, 17% na França e 10% na Itália [...]. o *Labour* detém apenas 6% das cadeiras dos Comuns, mas obteve 42% dos sufrágios em 1910".[13]

Por fim, é possível observar-se nos movimentos de ação cultural surgidos no século xix e desenvolvidos no xx uma forma de *contrapoder comunicativo*, considerando-se, nesse caso, as opiniões de Niklas Luhmann[14]. Ou seja, em primeiro lugar, todos os sistemas sociais se constituem igualmente por intermédio da comunicação, a qual, por sua vez, *seleciona* as mensagens entre os atores sociais e lhes dá, com isso, determinados sentidos possíveis. Nas palavras do autor, "entenda-se por meios de comunicação os elementos e processos complementares à linguagem, ou seja, um código de símbolos generalizados que *dirige a transmissão de resultados seletivos*". Assim, os meios de comunicação possuem, além da capacidade imediata de se fazer compreender entre as pessoas, uma outra, que é a de *motivar* os atores sociais, pois *sugerem visões de mundo, ações e resultados*. Na qualidade de meio de comunicação, o poder é capaz de limitar o espaço de seleção dos demais atores (classes, grupos, pessoas, instituições). Consequentemente, em sociedades avançadas, dos pontos de vista técnico-cultural e de diferenciação socioeconômica, os códigos comunicativos podem se tornar diferentes e concorrentes, condicionando relações de poder e de verdades, de aceitação ou recusa de valores, de consenso ou conflito de objetivos.

Quando aqui empregamos o termo *poder*, nos referimos à esfera política tal como proposta, em seus fundamentos, e mais uma vez, por Carl Schmitt. Referimo-nos ao fato de que toda contraposição moral, econômica, étnica, religiosa ou cultural transforma-se em ação política quando adquire força suficiente para agrupar os homens em amigos e inimigos, em aliados ou adversários, isto é, em campos opostos e publicamente constituídos, reconhecidos como tal e geradores de ideologias e de ações práticas.

Como se poderá constatar ao longo deste trabalho, a ação cultural elaborou-se historicamente como forma de atividade simbólica e sociopolítica, a partir de projetos e no interior de organizações da *sociedade civil* (e assim

---

13 Maurice Crouzet (direção), *História geral das civilizações*, op. cit.
14 Niklas Luhmann, *Poder*, Brasília: UnB, 1985.

permanece até hoje em vários lugares e situações diversas).¹⁵ Portanto, o que mais tarde veio a ser denominado *política cultural* corresponde a uma ação cultural institucionalizada e assumida pela esfera pública, que pode variar segundo representações ideológicas e entendimentos do papel do Estado. Mas como, a partir dos finais do século XX, o distanciamento ou a autonomia da sociedade civil perante o Estado voltou a ganhar força, seja como parte constituinte de uma sociedade neoliberal que reduz os papéis do Estado, seja como expressão de novos movimentos socioculturais (ver o item *direitos culturais*), é provável um retorno ao predomínio da ação cultural restrita ou privada sobre a política cultural, isto é, sobre a ação cultural pública.

Entre as diversas trajetórias da ação cultural – entendida sob os pontos de vista da extensão social da cidadania, da popularização dos saberes e das experiências de vida, incluindo-se as estéticas, e que determinados círculos também denominam *democratização cultural*¹⁶ –, algumas são pioneiras e modelares e adquiriram, portanto, importância histórica. É o que veremos a seguir.

---

15 Convém esclarecer que o termo "sociedade civil" (*bürgeliche Gesellschaft*) é utilizado aqui dentro da tradição hegeliano-marxista, referindo-se a uma condição não-política ou não-estatal e na qual predominam relações econômicas. Portanto, não se trata da tradução direta da expressão latina *societas civiles*, ainda utilizada pelo jusnaturalismo precisamente como *sociedade política* e, portanto, como superação do estado de natureza (*status naturae*).
16 Esta ideia será discutida mais adiante, pois comporta uma ambiguidade de sentido normalmente despercebida mesmo entre seus teóricos e profissionais.

2. Ação cultural no âmbito da sociedade civil

ESCANDINÁVIA E PAÍSES GERMÂNICOS

O movimento de educação de adultos, que historicamente também se apresentou como esforço de educação popular, informal e de difusão e aperfeiçoamento culturais, ganhou suas primeiras organizações e métodos de trabalho na Dinamarca, por intermédio das *folkehøjskoler*[1] (as escolas superiores populares).

O pastor luterano, educador, poeta e historiador Nikolai Frederik Severin Grundtvig foi o grande idealizador e incentivador dessa experiência. Grundtvig havia viajado para a Inglaterra a fim de pesquisar a literatura nórdica primitiva e ali se impressionara favoravelmente com o convívio permanente e o modo de vida em comum de professores e alunos internos de Oxford e Cambridge. De volta à Dinamarca, começou a escrever, em 1836, panfletos em favor de escolas ao mesmo tempo superiores e populares, nas quais se adotasse uma pedagogia semelhante, isto é, a de uma comunidade de ensino. Entre os ideais românticos de Grundtvig, o ensino deveria servir ao desenvolvimento não só de uma "cultura geral", tendo por eixo o aprendizado da história, da arte e da literatura nacionais, como também o de uma "formação para a vida", ao mesmo tempo política e religiosa. A educação comunitária e interdisciplinar seria o melhor veículo para a maturidade pessoal, a capaci-

---

1 *Folkehoyskole* (norueguês), *folkhögskola* (sueco), *fólkáskúli* (Ilhas Faroe) e *kansankorkeakoulu* (finlandês).

dade de autorreflexão e a convivência democrática – em síntese, "ser único, mas não se bastar a si mesmo", nas palavras do poeta e teólogo.

A primeira e bem-sucedida experiência da proposta educacional deu-se em 1844, com a abertura da escola de Rødding, no Schleswig, ainda dinamarquês à época, destinada a dezoito jovens da zona rural do ducado, por iniciativa de Christian Flor. Em 1851, outro educador dinamarquês, Christen Kold, seguiu o desejo de Grundtvig e fundou a escola popular de Ryslinge, na Fiônia. É curioso se observar que, no modelo de Kold, os alunos deveriam, antes de receber informações, ser *animados*, ou seja, despertados para interesses cognitivos e práticos. Em certa ocasião perguntaram-lhe o que gostaria de obter com suas atividades na escola e, retirando seu relógio de bolso, respondeu: "Quero dar corda em meus alunos, para que nunca parem".

A partir dessa época, vários estabelecimentos foram abertos em toda a Escandinávia, sendo pioneiros os seguintes: na Noruega, o de Sagatun (1864); na Suécia, e simultaneamente, os de Herrestad, Önnestad e Hvilan, em 1868; e o de Kangasala, na Finlândia, em 1889.

Atualmente, as escolas populares dinamarquesas, difundidas por todo o país, inclusive nas Ilhas Faroe, subdividem-se nas seguintes categorias genéricas (dado que cada estabelecimento é livre para escolher suas disciplinas e gerir-se administrativamente): as *comuns*, que oferecem, para todas as faixas etárias adultas, dois ou três cursos considerados principais, além de muitos outros complementares, como teatro, música, artes plásticas, cinema, religião, filosofia, sociologia, psicologia ou educação física; as destinadas apenas aos *jovens* entre 16 e 19 anos que não terminaram o ensino médio e ali se reatualizam; as *especializadas*, nas quais se aprofunda um conteúdo determinado (arquitetura, desenho industrial, língua, cinema, educação física, economia, etc.); e as *internacionais*, dirigidas ao aprendizado global de relações culturais, econômicas e políticas, nas quais estrangeiros também podem inscrever-se. Habitualmente, as *Folkehøjskoler* mantêm um regime de internato, variando a duração dos cursos de dois a dez meses, sem requisitos prévios. Nelas não há exames, e o importante, além do aprendizado técnico, são as experiências pessoais e as vivências em grupo. O Estado fornece subvenções ao sistema, permitindo que as escolas cobrem dos alunos valores semanais relativamente baixos de manutenção.

Além do exemplo dinamarquês (já que o ducado de Schleswig passou ao domínio da Prússia, em 1864), a Alemanha aproveitou-se do hábito de realizar palestras públicas, a cargo de entidades sindicais ou municipais, para estabelecer a sua rede de universidades populares.

Em 1890, em Frankfurt, formou-se um comitê incumbido de fomentar "Preleções Públicas" (*Ausschuss für Volksvorlesungen*) e com isso aprimorar a formação intelectual de adultos, sob a divisa idealista do "saber é poder". Anos mais tarde, em 1906, o comitê contratou um administrador oficial, Wilhelm Epstein, e sua denominação foi alterada para "União de Frankfurt para a Formação Popular de Adultos". Após o período nazista, a mulher de Epstein, Else, retomou o trabalho pedagógico da instituição com a ajuda da União dos Sindicatos Alemães (DGB) e, mais tarde, da prefeitura.

Em Munique, data de 1896 a fundação da Associação da Escola Superior Popular (*Volks-Hochschul-Verein*) e de 1906 os "Cursos Acadêmicos para Trabalhadores". Ambas as iniciativas convergiram para a instalação da Universidade Popular da cidade, em 1923.

Já com a denominação específica de Universidade Popular (*Volkshochschule*), os dois primeiros estabelecimentos a serem implantados na Alemanha foram os de Berlim (1902), sob a inspiração de Wilhelm Schwaner, e o de Jena (1918). Este aqui obteve a surpreendente adesão de dois mil alunos em seu primeiro ano de funcionamento.

O grande impulso do movimento foi dado pela República de Weimar. Bastante avançada quanto ao reconhecimento legal de estruturas e direitos relativos à educação, proteção trabalhista e funções sociais da empresa, a constituição também legalizou e permitiu o incentivo das universidades populares (artigo 148). Ainda em 1919, o número dessas organizações chegou a 26, passando, no ano seguinte, a noventa. Entre os anos de 1900 e 1933, as universidades populares foram as grandes propagadoras da educação informal. Muito provavelmente por tais razões, o regime nazista mandou fechá-las. Após a guerra, fundou-se a Associação das *Hochschule* Alemãs (*Deutschen Hochschul-Verband* DHV), também mantenedora do Instituto Alemão de Formação de Adultos (*Deutschen Institut für Erwachsenenbildung*), encarregada de mediar e avaliar a conjugação entre aspectos teóricos e práticos. No início do século XXI, havia mais de duas mil dessas escolas.

A oferta de cursos, cuja duração varia de uma semana a três meses, é bastante diversificada e abrange áreas como formação geral, formação profissional, formação política, formação para a saúde, línguas, artes, esportes e atividades físicas, conclusões escolares (preparação para certificados) e computação, além de seminários e eventos especiais de férias. Cada escola é autônoma em sua programação e recebe subvenções da região (*Land*), do município (*Stadt*) e de associações profissionais, além de contar, em menor escala, com receitas operacionais dos serviços prestados. Existem também os internatos, à maneira escandinava, estabelecidos nas *Heimvolkshochschulen*, embora os cursos continuem a ser, unicamente, de curta duração (dois a três meses), e ainda programas especiais para deficientes, mulheres e idosos.

Na Áustria, a primeira universidade popular estabeleceu-se na cidade de Krems, em 1885; dois anos depois, surgiu a de Viena. A expansão da rede, no entanto, só veio a ocorrer após a Segunda Guerra, tendo ela alcançado o número de 272 unidades em todo o país, em 2005. Cerca de dois terços das escolas constituem-se como organizações da sociedade civil, incluindo-se associações de trabalhadores, sendo as demais instituições públicas.

Na atualidade, seus programas se baseiam principalmente em cursos com durações variadas, complementados por seminários, simpósios, excursões ou visitas monitoradas, distribuindo-se nas seguintes áreas: a) segunda via de educação (preparatórios para conclusões de graus escolares diversos); b) idiomas (dedicados a cerca de setenta idiomas); c) formação política (aspectos sociais, políticos, históricos e de psicologia social); d) educação técnico-profissional (aprendizado e aperfeiçoamento); e) educação em saúde (alimentação, medicina alternativa, grupos de apoio) e esportes (ginásticas, natação e jogos); d) cultura, artes e lazer.

Do ponto de vista orçamentário, 60% do valor dotado é constituído por receitas próprias, operacionais, cabendo os restantes 40% a subvenções provenientes das regiões, municípios e governo federal.

FRANÇA

Em 1866, ainda sob a influência de ideais iluministas e revolucionários de igualdade e emancipação, foi criada em Paris a Liga do Ensino (*Ligue de l'Enseignement*), por iniciativa de Jean Macé, professor, jornalista e ativista político de esquerda. Adepto de Charles Fourier e propagandista do sufrágio universal, Macé já havia criado, antes da fundação da Liga, a Sociedade das Bibliotecas Populares do Alto Reno (durante o período que ali esteve como refugiado, após o golpe de Bonaparte) e, em companhia do escritor Júlio Verne, a *Revista de educação e de recreação*, destinada ao ensino infantil. A Liga obteve a adesão de trabalhadores e intelectuais por todo o país, após uma conclamação publicada no jornal *L'opinion nationale*, em prol da "reunião de todos os que desejem contribuir para o desenvolvimento da instrução pública no país". Contrário ao predomínio das escolas confessionais, Macé pretendia que o país aderisse à educação republicana e, com ela, se abrisse para "o caminho da civilização". Por intermédio de círculos voluntários, a entidade dedicou-se ao trabalho de alfabetização de adultos, de promoção de cursos de artesanato para mulheres jovens, de formação política e constituição de bibliotecas locais. Ao mesmo tempo, lançou-se à divulgação de um amplo projeto de lei educacional, por meio de conferências públicas, esforço que ajudou a estruturação do ensino gratuito, laico e obrigatório do país, realizado entre 1881 e 1882.

A partir de 1928, a Liga adotou atividades de lazer como parte de seu programa, dividindo-as em três organismos especializados: um destinado aos esportes, outro à educação das artes plásticas e um terceiro ao cinema. Logo após o movimento de maio de 1968, no qual se contestaram vigorosamente as formas educativas vigentes, a instituição aderiu à ideia de *animação* na qualidade de veículo de transformação sociocultural. Em 1980, a Liga criou o seu Instituto Nacional de Formação e Pesquisa para a Educação Permanente (Infrep).

Em 1896, durante o transcorrer do famoso "caso Dreyfus", o tipógrafo Georges Deherme, com o concurso de operários de Montreuil-sous-Bois, propôs uma primeira universidade popular francesa, à qual deu o nome de "Cooperação das Ideias", tendo por objetivos não apenas proporcionar uma instrução básica aos trabalhadores adultos, mas aproximar a intelectualidade das classes mais pobres da população, permitindo-lhes situações de convivência, de debate e de esclarecimento de temas os mais diversos possíveis. A iniciativa logo disseminou-se pelo país, com a adesão de entidades sindicais e estudantis, de prefeituras e de profissionais, como, por exemplo, a do médico Charles Debierre, líder do partido radical de Lille, que ali fundou uma organização semelhante, três anos depois. Segundo Françoise Tétard, pesquisadora do CNRS, o que era então uma universidade popular no final do século XIX?

> Inicialmente, um local aberto aos habitantes de um bairro, uma casa com salas para cursos de adultos, conferências populares, biblioteca, leitura pública, apoio ou patrocínio de um grupo, lições de higiene, curso de economia doméstica,

etc. Sonha-se com a possibilidade de professores e de operários estarem juntos todos os dias, deseja-se que ela se converta em uma associação intelectual e moral de voluntários iguais [...]. Um inspetor de ensino havia publicado seu *Guia prático do educador popular*, fazendo do professor primário o traço de união entre a escola do dia [infantil] e a escola da noite [adulta]. Assim, o professor primário, após o período de trabalho na escola, iria organizar cursos noturnos, debates, bibliotecas circulantes, passeios recreativos, centros de aprendizado e, um pouco mais tarde, o cinema ambulante. Uma espécie de apostolado![2]

Entre 1899 e 1908, foram instaladas 230 entidades (conhecidas pela sigla UP) espalhadas pela região parisiense e pelas províncias. Segundo Edouard Dolléans, foi:

> Um período crítico, marcado por uma crise de consciência dos intelectuais, mas que lhes permitiu uma experiência e um ímpeto em comum, criando-se uma brecha no muro do intelectualismo, até então fechado às realidades, e por onde puderam entrar ar fresco e alguma luz.[3]

Apesar do entusiasmo e da constituição, em 1900, de uma sociedade que agrupou todas as universidades, as muitas dissensões ideológicas internas, as dificuldades pedagógicas em certos assuntos (sobretudo ciências, matemática e filosofia) e o acúmulo de temas por demais específicos ou acadêmicos desencorajaram progressivamente os frequentadores. Na interpretação de L. Mercier:

> O que pedia o operário? O conhecimento prático e preciso da sociedade na qual sofria. O que lhe oferecia a universidade? O conhecimento das metafísicas, das literaturas, das artes do passado; em suma, distrações, uma cultura de ociosos. Como de hábito, o povo esperava pão e, como de hábito, ofereceram-lhe brioche.[4]

Ao se chegar em 1914, e como resultado daquelas dificuldades pedagógicas

---

[2] Françoise Tétard, "De l'affaire Dreyfus à la guerre d'Algérie, un siècle d'éducation populaire", em *Revue l'Esprit*, março-abril 2002.
[3] Edouard Dolléans, *Pour une culture vivante et libre*, Étude sur l'éducation ouvrière, nº 21, 1936.
[4] Lucien Mercier, *Les universités populaires, 1899-1914*, Paris: Les éditions ouvrières, 1986.

ou inadaptações imprevistas de ensino, o desinteresse no meio operário havia feito com que o número de universidades se reduzisse a apenas vinte. As guerras e seus períodos de reconstrução dificultaram ainda mais a sobrevivência das UPs, apesar do estímulo ou da ilusão da Frente Popular.[5]

Mas a partir da década de 1960 deu-se a revitalização da proposta (aparecimento da Universidade de Mulhouse) e, progressivamente, a ampliação do número de centros educacionais (Berry, Romans, Caen, Avignon, entre muitos outros), cujos cursos, por serem livres, não estipulam condições prévias de saber, embora, nem por isso, dispensem a qualidade da informação. Os aumentos do tempo livre e da população aposentada e, mais recentemente, de adultos jovens em luta por empregos e aperfeiçoamento profissional parecem ter ensejado o crescimento paralelo da frequência e mesmo o de instrutores e conferencistas voluntários. Segundo a Associação das Universidades Populares da França (AUPF), elas somariam setenta, em 2002, e contariam, na mesma data, com cerca de 110 mil inscritos. Majoritariamente, os interessados seriam pessoas cuja pretensão de novos conhecimentos estaria desvinculada da necessidade de diploma, apoiando-se na programação de cursos e de encontros (seminários, colóquios) gratuitos. Para elas:

> A falta de conteúdo e de densidade do debate público e cidadão, cada vez mais submetido ao marketing político e ao reino dos conselheiros em comunicação, tanto quanto o distanciamento do discurso político das realidades vividas e uma certa demissão do mundo político perante o econômico causam os sentimentos de insuficiência e de inconsistência da vida democrática contemporânea; daí a necessidade de saberes e de uma cultura autêntica.[6]

---

5   Governo de esquerda, formado pelos partidos socialista (SFIO, 147 deputados), comunista (72 deputados) e radical (116 representantes), e que durou de 1936 a 1938. Antes da posse do novo governo, houve uma sucessão extraordinária de greves, sem o conhecimento prévio e o controle de dirigentes sindicais ou partidários. Em cerca de quinze dias, dois milhões e meio de trabalhadores paralisaram o trabalho em 12 mil fábricas, das quais 9 mil foram ocupadas, exigindo novos direitos trabalhistas, como semana de 40 horas, legalidade de greve, convenções coletivas e férias remuneradas, aceitos pelos acordos de Matignon. No correr dessas manifestações, segundo depoimento de Simone Weil, foram instauradas as "greves da alegria", caracterizadas pela preparação de atividades de lazer e de ações culturais. Durante dois meses, organizaram-se bailes, programas de rádio, desfiles de modas, recitais de música popular e cursos rápidos de ginástica.

6   Página virtual explicativa da UP de Avignon.

Ainda na França, aparecem na década de 1880 iniciativas igualmente civis destinadas a programas de lazer recreativo e de atividades físicas para jovens – as colônias de férias. São tantas as associações deste tipo que os grupos católicos reúnem-se em sua própria União Nacional, em 1909, e as laicas criam outra, em 1912, denominada Federação Nacional.

> Para além das clivagens laicas-confessionais, as colônias conhecem um vivo sucesso e atraem perto de cem mil crianças às vésperas de 1914. Sua progressão é mais importante ainda entre as duas guerras, quando as prefeituras, frequentemente socialistas e comunistas, criam também suas próprias colônias públicas. O número de adeptos alcança trezentos mil em 1931 e ultrapassa quatrocentos mil em 1936. Se o Estado, pelo viés dos ministérios do trabalho e da saúde, subvenciona um bom número e sobre elas exerce um certo controle, a iniciativa permanece privada entre a maioria delas.[7]

SÃO PAULO, BRASIL

Entre o último quartel do século XIX e as duas primeiras décadas posteriores à Proclamação da República, período em que a agricultura cafeeira projetou politicamente o eixo Minas – São Paulo e as correntes imigratórias se acentuaram, substituindo ao mesmo tempo a mão de obra escrava nas lavouras e criando uma classe operária urbana, a capital paulista ganhou ares cosmopolitas, tanto do ponto de vista urbanístico e arquitetônico quanto de serviços públicos e de costumes sociais.[8] A atividade cafeeira havia convertido São Paulo no principal polo comercial e exportador do país, produzido acumulação de capitais e modificado não apenas as relações sociais de produção, ao gerar capitais para a formação de um parque industrial, mas estabelecido condições para que várias outras esferas sociais e culturais se modernizassem. E também viu se formarem seus primeiros círculos de mecenato e de instituições artístico-culturais, públicas e privadas, criadas por iniciativa das oligarquias proprietárias – fazendeiros latifundiários, empresários

---

7   J. P. Augustin, e J. C. Gillet, *L'animation professionell,* Paris/Montreal: L'Harmattan, 2000.
8   Em visita a São Paulo, Georges Clemenceau, então primeiro-ministro francês, sentiu-se perfeitamente em casa, conforme declarou à revista *Illustration* (apud Aracy Amaral, *Artes plásticas na semana de 22*, São Paulo: Perspectiva, 1976).

da indústria e do comércio, banqueiros –, aliadas a profissionais liberais e políticos de prestígio. Como diz Sérgio Miceli:

> Pelo fato de muitos deles terem interesses alentados em diversos setores da economia e uma participação ativa nos negócios políticos, não é de estranhar que fossem essas mesmas figuras da elite os responsáveis pela reforma do Liceu de Artes e Ofícios, pela criação da Pinacoteca do Estado, pela regulamentação do Pensionato Artístico, pelo financiamento do projeto de decoração do Museu Paulista formulado por Taunay, pelo patrocínio de grandes exposições internacionais, pela aquisição e montagem de coleções de obras de arte, pelo apoio e estímulo concedidos aos artistas e escritores, inclusive àqueles diretamente engajados na organização e eclosão do movimento modernista.[9]

Dados interessantes que confirmam a tendência da época provêm das exposições individuais de artes plásticas. Entre 1901 e 1910, foram realizadas 62, sendo 35 de artistas nacionais e 27 de estrangeiros; na década seguinte, houve 199 no total, sendo 120 de autores nacionais e 79 de estrangeiros.[10]

Em 1873, Leôncio de Carvalho, jurista e educador liberal (que no final da década iria propor reformas gerais no ensino primário e defender a profissionalização da mulher em nível superior de ensino), fundou, juntamente com a contribuição de 130 associados, a Sociedade Propagadora da Instrução Popular, oferecendo com isso oportunidade de escolarização a filhos de trabalhadores urbanos. A intenção dos responsáveis ligava-se aos ideais positivistas de progresso material e de educação popular, e isso se depreende da seguinte alocução de Martim Francisco de Andrada e Silva, feita no dia de abertura das aulas, em resposta a críticas conservadoras: "A Inglaterra, a Bélgica, os Estados Unidos, a Suíça, onde se cuida seriamente da instrução pública, sem que os trabalhos manuais definhem, respondem vitoriosamente às vozes angustiadas dos chorosos Jeremias". Anos depois, em 1882, a Sociedade transformou-se em Liceu de Artes e Ofícios, com o intuito mais apropriado de "ministrar gratuitamente ao povo os conhecimentos necessários às artes e aos ofícios, ao comércio, à lavoura, às indústrias". O Liceu converteu-se

---

9   Sérgio Miceli, *Nacional estrangeiro*, São Paulo: Companhia das Letras, 2003.
10 Dados extraídos dos jornais *O Estado de S. Paulo* e *Correio Paulistano* por Mirian Silva Rossi em "Circulação e mediação da obra de arte na *belle époque* paulistana", em *Anais do Museu Paulista*, v. 6/7.

então em marco do ensino profissionalizante brasileiro, artístico e artesanal, dada a necessidade prática de especializar ou aprimorar a mão de obra, requerida tanto por oficinas ou pela indústria quanto pela construção civil em grande expansão na época. Assim, de seu currículo passaram a constar os vários tipos de desenho, escultura, pintura, gravuras, fotografia, cerâmica, marcenaria e ebanisteria, serralheria, música, matemática e geometria, mecânica e agrimensura. A partir de 1905, a escola começou a vender sua produção e a receber encomendas de particulares e de empresas públicas e privadas. E em 1923, introduziu-se o aprendizado da mecânica, cujo exemplo seria seguido, duas décadas depois, pelo Serviço Social da Indústria (Sesi).

Foi justamente no grupo de mecenas do Liceu, entre eles Ramos de Azevedo, seu diretor entre 1905 e 1921, Freitas Valle, Sampaio Vianna, Nestor Pestana e Adolfo Pinto, que se teve a ideia da criação da Pinacoteca do Estado, implantada em 1905. Primeiro espaço público e especializado de exposição de artes plásticas da cidade, a Pinacoteca veio oferecer, evidentemente, condições mais adequadas de mostra do que os estabelecimentos até então utilizados: hotéis, teatros, cinemas, casas de comércio, confeitarias, livrarias ou associações privadas. O local escolhido foi o prédio do Liceu, onde veio a ser organizada, em 1911, a primeira grande Exposição Brasileira de Belas Artes (a segunda data de 1913), dividida em três áreas: arquitetura e artes decorativas, pintura e escultura. Dela participaram 107 artistas, com cerca de quatrocentas obras, tendo sido a mostra uma oportunidade para que os expositores vendessem seus quadros e peças, já que a arte, "como mercadoria que é, precisa de mercado, reclama um *rendez-vous* em que se encontrem a oferta e a procura, para a realização de seus fins".[11]

No outro lado da escala social, quando a comparamos com o Liceu, situava-se a vida cultural e glamurosamente mundana da Villa Kyrial, chácara de propriedade do advogado, professor, poeta, colecionador e político José de Freitas Valle.[12] Centro de saraus literários, de audições musicais, de ciclos de conferências, de almoços e jantares aristocráticos, a residência

---

11 Discurso de inauguração proferido por Adolfo Pinto (*Correio Paulistano* de 25 de dezembro de 1911), citado por Mirian Silva Rossi, *idem, ibidem.*
12 Valle desempenhou ainda um papel importante no âmbito da educação, tendo exercido a presidência da Comissão de Instrução Pública durante anos e participado da criação do sistema de grupos escolares e de reformas de ensino em escolas agrícolas. Ver também adiante o item *Política cultural – O Pensionato Artístico.*

serviu, simultaneamente, de ponto de encontro político, de referência cultural, de estímulo a novos artistas e intelectuais e de motivo de críticas às preferências europeizantes ou por demais afrancesadas de seu proprietário (como poeta simbolista, sob o pseudônimo de Jacques d'Avray, escrevia apenas em francês). Por ali circulavam as principais figuras das estéticas ainda em voga (academicismo, parnasianismo, simbolismo) e os que viriam a propor a revolução do primeiro modernismo. Três opiniões a seguir, recuperadas por Márcia Camargos[13], merecem atenção, tendo em vista captar-se o caráter eclético do "maior padrinho das artes no Brasil", segundo Villa Lobos e Paulo Mendes de Almeida.

A opinião de Oswald de Andrade:

> Homens do futuro, homens do passado, intelectuais e pseudointelectuais, estrangeiros, nativos, artistas, bolsistas da Europa, toda uma fauna sem bússola em torno da gota anfitriã do senador-poeta. Desde o fútil autômato da diplomacia do século XIX, Sousa Dantas, até uma promissória de gênio, o pianista Sousa Lima.

A de Mário de Andrade:

> É o único salão organizado, único oásis a que a gente se recolha semanalmente, livrando-se das falcatruas da vida chã. Pode muito bem ser que a ele afluam, junto conosco, pessoas cujos ideais artísticos discordem dos nossos – e mesmo na Villa Kyrial há de todas as raças de arte; ultraístas extremados, com dois pés no futuro, e passadistas múmias –, mas é um salão, é um oásis.

E a de João do Rio:

> Os artistas são-lhe gratos [...]. A ela vão os jovens, cheios de timidez e de sonhos, certos de sua desvanecedora atenção que ainda ninguém lhes deu; os maiores gênios que passam pelo Brasil; e lá se encontram em sua casa os artistas brasileiros, cada vez mais exilados num país onde o parasitismo político fenece o culto à beleza.

---

13 Márcia Camargos, *Villa Kyrial, crônica da* belle époque *paulistana*, São Paulo: Ed. Senac, 2001.

Outra instituição de cunho privado e nascida nos círculos da elite econômica e intelectual de São Paulo foi a Sociedade de Cultura Artística, constituída em 1912 por personalidades como Afonso Arinos, Graça Aranha, Olavo Bilac, Martins Fontes, Coelho Neto, Alfredo Pujol, Armando Prado e Oliveira Lima. Os objetivos iniciais, e que ainda permanecem nos dias de hoje, foram o de organizar ciclos de conferências sobre o mundo das artes, promover concertos de música erudita e acolher encenações teatrais. Atualmente, a Sociedade dedica-se também às áreas da dança e de cursos de natureza musical.

SÃO PAULO – O SESC E OS NOVOS MUSEUS DE SUA MODERNIDADE

A partir da época do Estado Novo, a expansão econômica brasileira, suscitada em boa parte pela Segunda Guerra, também ensejou o crescimento da classe trabalhadora no País. Dois dados de ordem estatística nos ajudam a perceber a dimensão do fenômeno: entre 1940 e 1959, o número de empresas industriais aumentou de 41 mil para 109 mil; e o número de operários passou de 670 mil para 1,5 milhão. A "república autoritária" de Getúlio tinha um projeto nacional de desenvolvimento comandado pelo Estado, pois que este passaria a assumir responsabilidades múltiplas. Entre elas, medidas de controle e substituição das importações, domínio sobre o mercado de capitais, o estabelecimento de uma infraestrutura industrial e de agência de financiamento (BNDES), o recrutamento e a formação de uma elite técnica e burocrática, a estruturação de um sistema educacional único, a consolidação de leis trabalhistas, a implantação da justiça do trabalho e a organização das estruturas e movimentos sindicais (de patrões e empregados), por meio de proteções e alianças. No terreno ideológico, adotava-se a luta maniqueísta da Guerra Fria, com reflexos sobre praticamente todas as instituições nacionais.

Por razões como essas, os principais empresários da indústria, do comércio, dos serviços e da agricultura reuniram-se na cidade de Teresópolis, estado do Rio de Janeiro, em maio de 1945, em busca de iniciativas que melhorassem a qualidade da mão de obra e reduzissem os conflitos socioeconômicos e políticos que poderiam advir naquele cenário. Essa reunião, denominada Conferência das Classes Produtoras, lançou a Carta da Paz Social, tendo por objetivos conciliar o crescimento econômico e a justiça social, garantir o regime democrático e reduzir as possíveis tensões entre o capital e o trabalho.[14]

Um primeiro empreendimento, anterior à própria conferência, já havia sido realizado, quando, em 1942, criou-se o Senai, Serviço Nacional de Aprendizagem Industrial. Com base nas recomendações da Carta, fundaram-se novas entidades de cunho social e de educação para o trabalho, entre elas o Serviço Social do Comércio, SESC, este aqui por meio do decreto-lei 9.853, de 13 de setembro de 1946.[15] Em seu artigo primeiro, a lei atribuiu à Confederação Nacional do Comércio o encargo de criar o organismo:

> Com a finalidade de planejar e executar, direta ou indiretamente, medidas que contribuam para o bem-estar e a melhoria do padrão de vida dos comerciários e de suas famílias, e, bem assim, para o aperfeiçoamento moral e cívico da coletividade. Na execução dessas finalidades, o Serviço Social do Comércio terá em vistas, especialmente, a assistência em relação aos problemas domésticos (nutrição, habitação, vestuário, saúde, educação e transporte); providências no sentido da defesa do salário real dos comerciários; incentivo à atividade produtora; realizações educativas e culturais, visando à valorização do homem.

Em uma fase inicial, aqui considerada a dos primeiros vinte anos, o SESC dedicou-se mais fortemente aos programas descritos a seguir, valendo-se de unidades próprias (os Centros Sociais, da capital e do interior, e de um Centro Assistencial da capital), de convênios ou ainda de trabalhos executados diretamente nas empresas: *saúde*, incluindo odontologia, pediatria, radiologia, fisioterapia, enfermagem e educação sanitária, chegando a manter uma maternidade de referência (entre os anos de 1957 a 1969); *nutrição*, por meio de restaurante popular e cursos de culinária; *férias*, acolhendo os beneficiários em sua colônia no litoral ou hospedando-os em

---

14 "Os empregadores e os empregados que se dedicam, no Brasil, aos vários ramos de atividade econômica reconhecem que uma sólida paz social, fundada na ordem econômica, há de resultar precipuamente de uma obra educativa, através da qual se consiga fraternizar os homens, fortalecendo neles os sentimentos de solidariedade e confiança [...] Com esse propósito, [...] assumem o compromisso de propugnar a consecução desses objetivos, mediante o recíproco reconhecimento de direitos e deveres, dentro de um verdadeiro regime de justiça social" (seguem-se onze recomendações, endereçadas a patrões e empregados).

15 Os demais também se constituíram em 1946: o Serviço Social da Indústria (Sesi) e o Serviço Nacional de Aprendizagem Comercial (Senac).

hotéis particulares conveniados; *cursos de formação doméstica*, tais como corte e costura, bordados e puericultura; *recreação infantil*; *bibliotecas*; *atividades físicas e esportivas*; *atividades artísticas* (exposições de artes plásticas, teatro amador e cinema) e *atividades associativas* (escotismo, grêmios empresariais, terceira idade). Já por essa época, as ações destinadas à prática dos lazeres, neles incluídos o descanso e os interesses físicos, artísticos, manuais, associativos e intelectuais, começaram a ser objeto de atenção dos técnicos:

> A automatização e a mecanização em todos os campos estão aumentando, progressiva e consideravelmente, a produtividade do homem e, em consequência, diminuindo os períodos de trabalho [...]. Esta diminuição das horas de trabalho significa um aumento do tempo livre, destinado à quarta e mais negligenciada das funções humanas – o cultivo do corpo e do espírito.[16]

Como os serviços preventivos de saúde acabaram por ser considerados apenas complementares ou supletivos, ponderando-se a enorme necessidade de ações públicas na área, ganharam relevo, em fins da década de 1960, dois programas concomitantes. No interior dos novos Centros Culturais e Desportivos[17] foram mantidos os serviços de odontologia e de alimentação, mas ampliadas e profissionalizadas as atividades culturais, tanto as artísticas e intelectuais quanto as esportivas e associativas. Ao mesmo tempo, implantou-se um novo projeto, o de ação comunitária, por meio de unidades móveis, conhecidas pela sigla UNIMOS[18].

---

16 Carlos Malatesta, *Revista do comerciário*, nº 39, março-abril, 1960.
17 O atual SESC Consolação, que abriga o Teatro Anchieta, foi um marco na concepção arquitetônica e no planejamento de novos equipamentos, projetados, desde então, para as finalidades a que realmente deveriam servir. Antes, e com exceção da colônia de férias de Bertioga, os prédios eram casarões ou edifícios já existentes e apenas adaptados.
18 As Unidades Móveis de Orientação Social funcionaram de 1966 a 1976, entendendo-se o trabalho comunitário como aquele em que uma determinada ação é realizada de maneira ativa por integrantes de uma comunidade (bairro, cidade, região geográfica), tendo em vista o benefício comum. Consequentemente, o projeto de ação comunitária foi enunciado com as seguintes características: um trabalho socioeducativo e de intervenção deliberada em uma comunidade, por meio de atividades programadas em conjunto com pessoas e instituições locais, tendo por objetivo despertar-lhes e ampliar a consciência para problemas existentes, sensibilizá-las para a coordenação de lideranças, a mobilização de pessoas (profissionais e voluntárias) e o encaminhamento coordenado de soluções.

Um novo impulso à diversificação de programas artísticos e à oferta concomitante e complementar de experiências de lazer veio com a entrada em funcionamento do SESC Pompeia, no início da década de 1980. A partir de então, e até o momento atual, a rede física e a oferta de atividades expandiram-se progressivamente. A instituição passou ainda a manter contatos com entidades estrangeiras ou internacionais, acolhendo manifestações culturais de todas as regiões do mundo.

De maneira concreta, seus programas abrangem as seguintes áreas, permitindo que os frequentadores (indivíduos e famílias) tenham acesso ou vivências em cada uma delas: *cultura* – consistindo de atividades artísticas de natureza plástica, teatral, musical, coreográfica, de vídeo e cinema, tanto por meio de espetáculos, exposições ou festivais quanto por intermédio de cursos e de oficinas. Nesse âmbito ainda se incluem os debates, seminários ou congressos sobre temas atuais ou de importância histórica; *desenvolvimento físico, esportes e recreação* – abrangendo a prática de modalidades esportivas e cursos de iniciação os mais diversos, bem como a realização de jogos livres e recreativos; *saúde* – serviços odontológicos, de alimentação (em restaurantes e lanchonetes) e ações educativas, como campanhas de prevenção e de esclarecimento; *desenvolvimento infantil* – programa voltado a crianças de sete a 13 e que se efetiva por atividades ao mesmo tempo lúdicas, informativas e de aperfeiçoamento psicomotor e cognitivo; *trabalho social com idosos* – nucleação, dinamização e oferta de atividades comuns ou específicas para pessoas dessa faixa etária; *lazer e turismo social* – oportunidades de descanso e de aproveitamento de férias e de fins de semana em centros apropriados, além de viagens para cidades do Brasil.

Com relação aos museus de Arte de São Paulo (MASP, 1947), de Arte Moderna (MAM, 1948) e Contemporânea da Universidade de São Paulo (MAC-USP, 1963), foram todos eles frutos não só do mecenato particular como dos objetivos modernizadores ou de atualização da sociedade e da vida cultural do País. No que se refere ao MASP, a iniciativa coube a Assis Chateaubriand, na época o mais influente empresário da imprensa nacional; quanto ao MAM, a proposta partiu de Sérgio Milliet e foi adotada pelo maior industrial da América Latina, Francisco (Ciccillo) Matarazzo Sobrinho, que planejou a estrutura e providenciou a aquisição de obras diretamente na Europa; já o MAC surgiu de uma crise administrativa e financeira enfrentada pelo MAM nos primeiros anos de 1960, tendo seu acervo sido transferido para a nova instituição, assumida pela Universidade de São Paulo.[19]

No correr dos anos de 1930 e de 1940, os processos de crescimento industrial e de adensamento urbano da capital paulista propiciaram igualmente a expansão de certas ocupações e atividades ligadas, de maneira mais ou menos próxima, à produção e ao consumo de obras simbólicas, tais como professores, jornalistas, publicitários, administradores públicos e privados, profissionais liberais e das próprias expressões artísticas. Ao mesmo tempo, a emigração de intelectuais europeus, causada então por fatores político-ideológicos e pela eclosão da Segunda Guerra, em muito contribuiu para forjar aquelas novas elites culturais.

Por fim, como ressalta Maria Arminda Arruda:

> Em São Paulo, especialmente, o movimento artístico encontrava-se bastante organizado, como se depreende das associações surgidas no decorrer dos anos 1930, a exemplo da Sociedade Pró-Arte Moderna (SPAM), do Clube dos Artistas Modernos (CAM), nascidos no final de 1932; da emergência da Família Artística Paulista, de 1937, que reunia o Grupo Santa Helena, culminando com a Exposição de Pintura Francesa, em 1940, e com o Salão Nacional da Indústria, em 1941 [...] a ampliação do número de galerias e de exposições é sintomática da profissionalização da atividade artística, projeto do Sindicato dos Artistas Plásticos, constituído em 1938. A fundação dos museus resultava, portanto, de uma conjunção de fatores emergentes, em todos os campos, que eram em parte integrantes da atmosfera de metropolização de São Paulo.[20]

---

19 No MAM foram criadas as Bienais de São Paulo, tendo sido decisivo o papel exercido por Yolanda Penteado, mulher de Ciccillo, nas mostras internacionais daquela primeira década para o sucesso dos eventos.
20 Maria Arminda Arruda, *Metrópole e cultura – São Paulo na segunda metade do século XX*, capítulo Vanguardas concretas, linguagens e museus de arte, Bauru: Edusc, 2001.

3. Interpretações conceituais [1]

IDEIAS GERAIS E MAIS ANTIGAS

Embora não tenhamos aqui qualquer intenção de proceder a uma análise hermenêutica à maneira de Heidegger, isto é, intimamente ligada à etimologia, ainda assim convém relembrar os significados originais dos termos *ação* e *animação*.

Em Aristóteles, a ação constitui o processo e o resultado de um propósito ou de uma escolha humana deliberadas. Isso significa que aquilo que é necessário, que não pode ser de outro modo (pois indicaria uma dependência absoluta), não constitui uma ação. Ela se encontra reservada a um *fazer possível*. Como não há potência em ações impossíveis, vê-se que uma ação ocorre quando a potência (o que pode vir a ser) converte-se em outra coisa que antes não era ou havia.

A partir de seu mestre, Tomás de Aquino distingue ainda a ação *imanente* – aquela que permanece no próprio ator da operação, segundo sua vontade ou natureza própria (querer, sentir, entender) – da ação *transiente*, cujo resultado passa do agente para um objeto ou paciente, que gera ou produz algo exterior (coisas e relações sociais).

Para Hannah Arendt, que recuperou a esse respeito a tradição grega, pode-se distinguir a "vida contemplativa" da "vida ativa". Esta última é

---

[1] Neste tópico aproveitam-se, com novos adendos, os verbetes *ação* e *ação cultural*, contidos no *Dicionário SESC, a linguagem da cultura*, São Paulo: Perspectiva, 2003.

constituída pelo labor (o refazer árduo, incessante, cotidiano e inevitável que o ciclo biológico nos impõe), pelo trabalho (a construção material do mundo, que se povoa de instrumentos e objetos) e pela *ação*, isto é, pelas relações diretas e eminentemente humanas que o poder da palavra tem para organizar politicamente a sociedade e instituir seus valores éticos, jurídicos, estéticos e culturais. "O fato de que o homem seja capaz de ação significa que dele pode-se esperar o inesperado, que está em posição de cumprir o que é infinitamente improvável"[2]. Por esse motivo, a ação se manifesta como a mais nobre das atividades humanas, sobretudo a política, que "é o amor aplicado à vida"[3]. Já Talcott Parsons a define a partir de três elementos básicos e de suas relações: um *agente* que a provoca, uma *finalidade* para a qual é orientada e uma *situação final* diversa da inicial.

Quanto à palavra animação, deriva do grego *psique* pelo latim *anima*, alma, sendo, simultaneamente, princípio de vida, causa da sensibilidade e do pensamento, tanto quanto uma substância *a se* (em si), que permite a estabilidade dos entes, dos conhecimentos e dos valores nos quais se manifesta. No Fédon, por exemplo, Sócrates dialoga com Cebes e Símias nos seguintes termos:

> – [...] a alma tem com a espécie invisível mais semelhança do que o corpo; mas este tem, com a espécie visível, mais semelhança do que a alma? – Necessariamente, Sócrates. – Não dizíamos, ainda há pouco, que a alma utiliza às vezes o corpo para observar alguma coisa por intermédio da vista, do ouvido ou de outro sentido? Assim, o corpo é um instrumento quando é por intermédio de algum sentido que se faz o exame da coisa. Então a alma titubeia, é arrastada pelo corpo na direção daquilo que jamais guarda a mesma forma; ela própria se torna inconstante, agitada [...]. Mas quando examina as coisas por si mesma, quando se lança na direção do que é puro, do que sempre existe – em virtude de seu parentesco com esses seres puros –, é sempre junto deles que a alma vem ocupar o lugar a que lhe dá direito toda realização de sua existência, em si mesma e por si mesma [...]. Quando estão juntos, a alma e o corpo, a este a natureza consigna servidão e obediência, e à primeira, comando e senhorio [...]. Examina agora, portanto, Cebes, se tudo o que foi dito nos conduz efetivamente

---

2 Hannah Arendt, *A condição humana*, Rio de Janeiro: Forense Universitária, 1985.
3 *Die Politik ist angewandte Liebe zum Leben.*

às seguintes conclusões: a alma se assemelha ao que é divino, imortal, dotado da capacidade de pensar, ao que tem uma forma única, ao que é indissolúvel e possui sempre do mesmo modo identidade; o corpo, pelo contrário, equipara-se ao que é humano, mortal, multiforme, desprovido de inteligência, ao que está sujeito a decompor-se, ao que jamais permanece idêntico.[4]

Por fim, concluiu-se que todo corpo cujo movimento provém de fora é inanimado; *todo corpo que se move por si, de seu interior, é animado, sendo essa, precisamente, a natureza da psique.* Quanto a Aristóteles, seu entendimento é o de que a alma corresponde à realização de uma capacidade prevista (*entelechia*) e, por isso, a capacidade do corpo para viver e pensar é transmitida pela psique, o que faz dela o ato verdadeiro da função corpórea.[5]

Considerando-se agora a noção e também o ideal de *pessoa* – um entendimento que na verdade antecede e é complementado por aquele de *cidadão* –, percebe-se que tanto a educação (dos pontos de vista formal, não-formal e informal) quanto a ação cultural constituem meios de desenvolvimento ou de enriquecimento da personalidade. Isso porque *pessoa*, já na Antiguidade grega (*prósopon*), indica o ser capaz de manter, simultaneamente, relações consigo (autorrelações) e com o mundo exterior (heterorrelações). Por isso, e na análise de Max Scheler, a pessoa é o centro no qual se manifestam as ações espirituais (*geistliche Taten*), tais como vontade, razão, amor, veneração:

> Se o espírito, em sua mais alta acepção, é um modo particular de conhecimento, uma espécie de saber que apenas ele é capaz de trazer, então o caráter fundamental de um ser "espiritual" é seu desapego existencial, sua liberdade, a possibilidade que tem de se desembaraçar da fascinação e da pressão do que é orgânico, de tornar-se independente da "vida" e de tudo o que lhe diz respeito e, por consequência, da parte da inteligência submetida às tendências inatas. Um sujeito espiritual assim entendido não está mais restrito ao desejo puro nem ao meio, encontrando-se liberado do ambiente; logo, diremos que ele se encontra "aberto para o mundo", que ele é um "universo".[6]

---

4 *Fédon*, 79 e 80, Coleção Os Pensadores, Abril Cultural, 1972.
5 Aristóteles, *De Anima*, parte II, 1-412, São Paulo: Ed. 34, 2005.
6 Max Scheler, *La situation de l'homme dans le monde* (*Die Stellung des Menschen im Kosmos*), Paris: Aubier, 1951.

Por conseguinte, a noção de pessoa encerra também a de uma gradação, já que haverá mais *personalidade* ou *pessoalidade* na medida em que aumentar a possibilidade de agir, voluntária e conscientemente, no mundo, na sociedade e sobre o próprio corpo. E a construção daquela mencionada autonomia não dispensa, evidentemente, as ações educativas e socioculturais.

Genericamente, pode-se dizer que a ação e a animação culturais têm em comum propor, estimular ou tornar possíveis conhecimentos, experiências simbólicas, sociais e também sensitivas (corporais), e por tais meios instituir um sentido e um ideal de *formação aprimorada e de hábito*, tanto de um ponto de vista individual quanto coletivo, assim como apoiar a realização de obras ou subvencionar artistas ou autores em processo de criação. Essa busca por abarcar uma totalidade, na verdade jamais alcançável, foi tida por Pascal como algo não apenas de natureza cognitiva e de experiência de vida, mas igualmente estético:

> Como não se pode ser universal e saber tudo o que é possível saber de tudo, é preciso saber um pouco de tudo. Pois é muito mais belo saber alguma coisa de tudo do que saber tudo de uma coisa; essa universalidade é a mais bela. Se pudéssemos ter as duas coisas seria ótimo, mas sendo preciso escolher, cumpre escolher aquela.[7]

Por tais motivos, deve-se ter em conta que, acima de tudo, a ação cultural faz parte de um *projeto humanista de formação*, seja aquele que já se encontra presente na ideia de *paideia*, a de uma educação cívica completa, pela qual o cidadão é estimulado a participar da gestão da cidade e a exercitar mais as virtudes do que os vícios, seja o dos *studia humanitatis* ou *studia humaniora* dos séculos xiv e xv italiano (gramática, retórica, poesia, história, filosofia moral), proposto por figuras como Petrarca, Coluccio Salutati, Guarino Veronese, Vittorino da Feltre, Lorenzo Valla, Leonardo Bruni ou Leon Battista Alberti. Inicialmente, o humanismo significa a retomada das *humanae litterae* (a literatura profana da civilização greco-romana), e não mais uma dedicação quase exclusiva às *sacrae litterae* (literatura sacro-religiosa do medievo). De modo mais profundo, no entanto,

---

[7] Blaise Pascal, *Pensamentos,* Artigo I, "Sobre o espírito e sobre o estilo", São Paulo: Abril, 1972, Col. Os Pensadores.

sua exata acepção corresponde, nas palavras de Eugenio Garin, não a uma educação, "como às vezes se acredita, limitada aos estudos gramaticais e retóricos, mas à formação de uma consciência verdadeiramente humana, aberta em todas as direções, por meio do conhecimento histórico e crítico da tradição cultural" [8]. Por conseguinte, alude-se a uma formação espiritual ampliada, a uma cultura geral permanentemente elaborada a partir de um fato evidente por sua simplicidade: o de que o ser humano não é posto no mundo inteiramente acabado. Ao contrário, só ele é passível de ser aperfeiçoado pelo conhecimento, pela virtude e pelo prazer, condições indispensáveis, por sua vez, à sabedoria. Daí também não se poder entender o Renascimento italiano, em sua complexidade cultural, sem a precessão desse humanismo florentino.

IDEIAS E PRÁTICAS ATUAIS

Logo após o surgimento da UNESCO, seus técnicos incorporaram a ideia de animação cultural (reunião de Mondsee, Áustria, 1950), entendendo-a como "métodos e técnicas de educação dos adultos", exercidos ou aplicados fora dos regimes escolares convencionais.

Mas se os termos ação e animação podem ser tomados genericamente como sinônimos, isto é, na qualidade de "estratégias pedagógicas de mediação ou de intervenção", é possível, entretanto, distinguir características singulares para cada uma delas.

Assim, a *ação cultural* poderia ser entendida como o planejamento, a organização e a realização de atividades ou de programas culturais (artísticos, artesanais, esportivos, recreativos, sociais, intelectuais, turísticos, etc.) destinados a indivíduos isoladamente considerados, a grupos definidos ou a uma comunidade globalmente concebida. No primeiro e no último casos, tratar-se-ia de uma ação socialmente "aberta", na qual o público se comporta de maneira mais aproximada à de consumidor de serviços. O Estatuto do Animador Sociocultural, votado no V Congresso Internacional da categoria, realizado em Coimbra, em 1999, assim define o profissional e, por consequência, os objetivos de sua interferência:

---

8   Eugenio Garin, *Educazione umanistica in Italia*, Bari: Laterza, 1971.

Animador sociocultural é aquele que, tendo recebido uma formação adequada, é capaz de elaborar e executar um plano de intervenção em uma comunidade, instituição ou organismo, utilizando atividades culturais, esportivas, recreativas, lúdicas ou assemelhadas, tendo em vista, em última análise, o desenvolvimento das potencialidades dos elementos do meio no qual se engaja, de modo a provocar dinâmicas e a promover valores pessoais, de grupo ou comunitários.

Já a ideia de *animação* deveria indicar um trabalho processual, de prazo mais dilatado, no qual estão incluídas a *nucleação, a mobilização e a orientação* de um grupo determinado, e com o qual se estabelecem os objetivos a serem alcançados, os critérios de atuação e os recursos a serem empregados. Assim entendida, e na qualidade de um trabalho processual, a animação permite e estimula a participação direta de seus integrantes ou da coletividade na consecução do projeto, até o momento em que o grupo obtenha autonomia de existência. Consequentemente, as atividades ocorrem em um âmbito social circunscrito, "fechado", exigindo do agente ou animador uma dedicação mais intensamente afetiva com o grupo ou a comunidade eleita. Daí o Relatório ao Alto Comitê da Juventude sobre Animação, do governo francês, ter adotado, na década de 1960, como conceito de *animação socioeducativa* "toda ação em meio a um grupo ou coletividade que vise desenvolver as comunicações internas e a estrutura da vida social, recorrendo a métodos não-diretivos ou semidiretivos".

A grande variedade de conteúdos, de interpretações e de contingências que estão presentes e, por isso mesmo, tornam impreciso o universo da ação cultural permite, nas opiniões de Augustin e Gillet[9], ao menos os seguintes entendimentos contemporâneos desse fenômeno: 1) uma corrente ideológica herdada dos movimentos de educação popular e orientada para a formação de um cidadão responsável, consciente, racional; 2) uma forma pedagógica aberta, capaz de despertar novos interesses, promover descobertas e permitir a expressividade, pessoal ou grupal; 3) um modo de regulação social que permite resolver ou amenizar os conflitos existentes entre tradição e modernidade; 4) uma política educativa desprendida, livre, tão ou mais eficaz do que o sistema formal de ensino; 5) uma forma de realização atual e expressão concreta da civilização dos lazeres.

---

9   J. P. Augustin e J. C. Gillet, *L'animation professionnelle – histoire, acteurs, enjeux),* Paris/Montreal: L'Harmattan, 2000.

Como mencionado anteriormente, nos pressupostos político-sociais, a ação cultural mantém, em primeiro lugar, correspondências com as noções clássicas de patronato ou mecenato, indicando as relações sociais e econômicas de estímulo e de favorecimento à criação intelectual e artística, de cunho profissional ou com tendências à profissionalização. Desse ponto de vista, conserva vínculos diretos de troca entre autores, intérpretes ou pesquisadores e organizações de apoio, com o intuito de tornar possível a manutenção do próprio artista, artesão ou intelectual, bem como a elaboração de suas obras. De outro, pode indicar o trabalho de entidades civis, públicas, privadas ou comunitárias que promovam o acesso da população ou de clientelas específicas aos bens culturais, ou a atividades, serviços e processos de aprendizagem (de médio e longo prazos) e de práticas artísticas, artesanais, intelectuais ou corporais, em situação de lazer. Finalmente, a ação cultural pode incluir a função patrimonialista de tombamento, conservação e exposição de acervos históricos, sejam eles públicos ou privados, sejam artísticos, artesanais ou científicos.

A necessidade de favorecer e de ampliar as possibilidades de assistência, de aprendizado, de criação ou ainda de difusão pública de conhecimentos (teóricos e práticos) e de experiências (sensíveis e cognitivas), em meio a uma civilização de massa, isto é, de produtos industriais onipresentes e homogêneos, induziu ao aparecimento de uma ação cultural que tem, em princípio, quatro características de maior evidência: a) do ponto de vista social, o intuito permanente de atrair e de integrar indivíduos e grupos de diferentes idades e estratos sociais ao universo artístico-cultural, vinculando-os, na medida do possível, àquelas ações que resolvam ou minimizem problemas comunitários; b) relativamente ao conteúdo, estimular o conhecimento e a convivência de públicos novos ou regulares com as linguagens, expressões ou signos menos recorrentes ou usuais – as "exceções" – à cultura de massa, procurando revelar suas obras, características e significados; ou ainda eleger e determinar critérios pelos quais se possam selecionar aquelas obras que, elaboradas integralmente no interior da indústria cultural, contenham as qualidades necessárias para serem difundidas com um tratamento diferenciado (reorganizadas em ciclos ou temas específicos, por exemplo); c) sob o aspecto organizacional, o de ser uma forma relativamente estruturada e permanente de intervenção institucional, mantida por profissionais de formação multidisciplinar em centros culturais de atividades múltiplas ou específicas, fundações ou associações, ou ainda por quadros voluntariamente comprometidos com as situações de carências locais; d) e por fim, uma identificação com os princípios e os objetivos políticos da educação permanente (mais especificamente, as de cunho não-formal e informal). Ou seja, de uma forma de educação espontânea e contínua, embora nem sempre percebida, realizada fora dos âmbitos formais da escola e do ambiente de trabalho – autoformação, desenvolvimento individual, autodidaxia. Em muitas ocasiões, essas quatro facetas estão resumidas no *slogan* um tanto quanto difuso da *democratização cultural*.

UM CONCEITO EM DISCUSSÃO

Convém notar que a ideia de democratização cultural comporta significados diferentes e, portanto, uma ambiguidade semântica raramente apreendida pelos estudos de natureza cultural (por si só, isto é, sem o adjetivo *cultural*, democratização nos remete ao processo e formas de repartição de poderes e de decisões políticas entre todos os cidadãos adultos de um Estado, ou, num âmbito social mais restrito, entre todos os indivíduos adultos pertencentes a grupos primários ou secundários).

Ela sugere, nos discursos mais idealistas, um processo que tenha por objetivo tornar acessíveis a toda a população as obras simbólicas consideradas exemplares da humanidade, tanto quanto o conhecimento canônico, artístico e científico, da história passada e da história presente. Foi este, por exemplo, o espírito do Iluminismo setecentista, advogado, por Schiller em suas *Cartas sobre a educação estética do homem*, aquele mesmo que conduziu André Malraux (embora por um viés de comunhão religiosa) a assumir o ministério da cultura e a propor as casas de cultura. Uma tal finalidade exige, como condições prévias e necessárias, e ainda assim não suficientes, ao menos dois critérios: uma educação formal de base e continuada (iniciada, portanto, na infância ou no início da adolescência) e experiências polivalentes, ecléticas, interdisciplinares ou inter-complementares. O motivo é, no fundo, simples: aquilo que se denomina alta cultura constitui um labirinto, uma trama complexa de objetos, de esferas e de sentidos simbólicos que se relacionam de modo constante, ora convergente e agregado, ora conflituoso e divergente. Mais ainda: a alta cultura não apenas se infiltra ou se difunde por áreas correlatas como mantém correspondências com formas e conteúdos de tempos passados e de sociedades anteriores ou contemporâneas. Daí o seu epíteto de humanista.

Ora, ao contrário de opiniões populares correntes, a alta cultura é assim entendida (sem se eximir, é óbvio, de objetivos ideológicos) porque expressa o que de mais elevado e brilhante o espírito humano logrou pensar, imaginar ou criar, ainda quando estimulado por nossos vícios e depravações corriqueiras. Embora se possa discordar da ideia de que Shakespeare seja o início e o centro de nosso cânone literário (e fazê-lo recuar aos gregos), a opinião de Harold Bloom sobre a importância e a insuperabilidade dessas relações modelares é convincente porque baseada em fatos da história da arte:

> *O fardo da influência tem de ser carregado* caso se queira alcançar e retomar a originalidade, dentro da riqueza da tradição literária ocidental. A tradição não é apenas um passar adiante ou um processo de transmissão benigna; é também um conflito entre o gênio passado e a aspiração presente, sendo o prêmio a sobrevivência literária ou a inclusão canônica [...]. Nada é tão essencial para o Cânone Ocidental quanto seus *princípios de seletividade, que só são elitistas na medida em que se fundamentam em critérios severamente artísticos*.[10]

Vê-se que não é difícil concordar com o crítico, pois seria surpreendentemente paradoxal valorizar a arte e a cultura e desconsiderar, ao mesmo tempo, a qualidade das obras e a faculdade de julgar, ou seja, de instituir princípios de ordem poética ou, no caso das ciências, de veracidade, de conformidade ao real.

Que se tome agora o exemplo da linguagem, base de qualquer ato cultural. Pode-se respeitar a espontaneidade sintática das classes populares ou os particularismos das falas regionais, que, nesse caso, enriquecem a prosódia do idioma. Acontece que a língua "popular ou natural" lida com não mais de quatro mil vocábulos, permanecendo limitada a uma alta taxa de redundância, simultaneamente expressiva e cognitiva. Já a grande maioria dos registros cultos chega a quatrocentas mil palavras. A conclusão é cristalina: aquele que domina o código culto possui condições muito mais favoráveis de compreender e expressar o mundo, tanto quanto o de estabelecer relações mais complexas ou percucientes de naturezas cognitiva, social, política e profissional.

---

10 Harold Bloom, *The Western canon*, Londres: Harcourt Brace, 1994.

Vale também lembrar a argumentação de Bruno Lussato[11]. A cultura, entendida como um processo permanente de ampliação da complexidade do espírito humano, deve satisfazer quatro condições para ser plenamente assim considerada. A primeira é a de permitir, no contato entre obra e indivíduo, uma *diferenciação*, ou seja, o fato de o sistema mental aprimorar a distinção de formas e linguagens que antes lhe pareciam semelhantes ou indiferentes. A segunda é a de facilitar a *integração*, isto é, permitir que o espírito compare, ligue elementos diferenciados e os organize em estruturas mentais mais complexas. A terceira é o estabelecimento de uma *hierarquização de valores*, pois nem tudo se equivale nos universos do conhecimento e da experiência estética. Existem artes maiores e artes menores, pensamentos mais profundos e mais rasos, fato reconhecido por um *pop-star* como Serge Gainsbourg e citado pelo autor: "eu pratico uma arte menor, e as artes menores engolem as maiores". E, no entanto, mais vale um sistema coerente e hierarquizado de valores do que a completa ausência de todos eles. Por fim, a cultura não é algo fácil. Não é dada, e sim *forjada, alcançada*. Exige interesse, esforço, dedicação, tempo, reflexão e recursos financeiros. Logo, a aquisição de cultura é feita tendo em vista aumentar a possibilidade das escolhas pessoais, a capacidade de reflexão e julgamento, tanto quanto desenvolver, em seu nível máximo, a personalidade.

Com entendimento semelhante, comenta Alain Renaut as críticas feitas por autores como Milan Kundera (*A arte do romance*) e Alain Finkielkraut (*Mal-estar na democracia*):

> No registro cultural, a convicção segundo a qual qualquer afirmação de individualidade num produto qualquer possuiria um valor enquanto tal conduziria a uma *aberrante canonização de cada artigo oferecido pela indústria do lazer*, renunciando a distinguir o rock e a dança clássica, o teatro e o rap, o folclore e o cinema de Fellini, o tag e a música de Boulez, e apoiando tanto uns quanto outros, a política democrática da cultura encarnaria, na melhor das hipóteses, esse embotamento do espírito, a começar pelo espírito crítico, perante a sacralização da individualidade e de suas produções.[12]

---

11 Bruno Lussato, *Bouillon de culture*, Paris: Robert Lafond, 1986.
12 Alain Renaut, "As críticas da modernidade política", em *História da filosofia política*, v. 4, Lisboa: Instituto Piaget, 2000.

É possível que, no Brasil, um dos primeiros documentos a tratar explicitamente de *democratização cultural* tenha sido o discurso feito por Herculano Pires, no início da década de 1940, aos intelectuais participantes do Congresso Brasileiro de Escritores.[13] Seu ponto de vista é o de que a educação formal já constitui, por si só, um processo de difusão e popularização da cultura. Embora longa, a transcrição nos parece esclarecedora por dois motivos: parte das críticas que o autor faz à época é cabível, *mutadis mutandis*, nos dias de hoje; ali também já nos deparamos com a proposta de um Fundo Nacional de Cultura:

> Ao contrário do que se passa nos mais adiantados países do mundo, a cultura está se transformando, no Brasil, nos últimos tempos, em um verdadeiro monopólio das elites, um privilégio das classes abastadas, que desvirtuam a sua finalidade, em detrimento do povo e, consequentemente, do futuro da própria nacionalidade. Os cursos superiores transferiram suas "portas de entrada" da terra para a lua, de tal forma que só felizardos, capazes de, sob o bafejo da fortuna, atravessarem o labirinto dos intermináveis preparatórios, vencendo uma dezena de anos de estudos puramente formalísticos, neles conseguem entrar. Por outro lado, a deficiência do ensino primário continua sem solução, sendo constantes e gerais os clamores do povo contra a falta de escolas em todos os recantos do País [...]. Ao mesmo tempo, os adultos analfabetos continuam na cegueira, pois é claro que, não se podendo remediar o mal do futuro, com a alfabetização indispensável das crianças, muito menos se poderá remediar o mal do passado. Enquanto isso se verifica, no que respeita à falta de escolas, mais desoladora ainda se apresenta a situação dos escolares que, terminado o curso primário, sem nada terem realmente aprendido, senão o simples e mecânico ato da leitura, são imediatamente atirados à vida prática, à luta pelo pão, sem possibilidade de contatos com livros e estudos. Esta situação, das mais graves consequências para o nosso futuro, tende a se agravar, na proporção em que passam os dias, porque o ensino, assim disperso e vago, inaplicável e inconsistente, torna-se um verdadeiro anacronismo [...]. O choque é de tal maneira desastroso que o estudo já não interessa mais às próprias elites, pelo

---

13 Documento homônimo, sem data precisa, pertencente à coleção Mário de Andrade e integrante do acervo do Instituto de Estudos Brasileiros (IEB-USP) sob o código CO 5-13. Herculano Pires foi jornalista, professor de filosofia e, mais tarde, líder do movimento kardecista brasileiro.

que representa de valor intrínseco, de verdade, de elevações mental e espiritual do homem, mas apenas pela oportunidade de aquisição de um diploma, de um título convencional [...]. Nenhum valor próprio tem a cultura, para nada serve, se não estiver solidamente apegada a uma sólida fortuna ou a uma atividade prática e decididamente lucrativa [...]. Dessa forma, não há recompensa alguma para o esforço intelectual! Há, pelo contrário, castigo, inevitável, rigoroso castigo! [...]. Devemos sugerir ao Governo a criação de Comissões Municipais de Cultura em todo o País, atribuindo-se a essas comissões a função de zelar pela cultura do povo, e dando-lhes todos os meios e recursos para o desempenho de seu trabalho. As grandes firmas de cada município seriam obrigadas a pagar, anualmente, um tributo especial [...] para a organização de um Fundo Nacional de Cultura [...] com as seguintes finalidades: criação de estabelecimentos de ensino primário, secundário e superior, de frequência gratuita; encaminhamento de estudantes pobres, reveladores de capacidades especiais, para os estudos que desejassem fazer e não pudessem, em virtude de impossibilidade financeira; amparo aos intelectuais que estejam empenhados na realização de obras artísticas ou culturais de interesse e valores reconhecidos por uma comissão ou departamento de cultura; ajuda a empresas jornalísticas, editoras e educacionais que lutem por manter uma linha de conduta rigorosamente independente, a serviço da cultura nacional.

Mas democratização cultural pode ainda significar que as características e os valores da cultura popular são as que predominam ou devem prevalecer social e politicamente numa determinada sociedade.

Esse entendimento tem ao menos três fontes históricas. A primeira delas encontra-se no espírito romântico-burguês que buscou contrapor à arte patrocinada pela nobreza e às suas características ritualísticas e convencionais as manifestações que, ao contrário, exprimissem a espontaneidade, a vitalidade, a simplicidade e a longevidade cultural das classes populares, agrárias ou urbanas. A segunda, que evidentemente também não se furta a finalidades ideológicas, está no movimento de afirmação e de ascensão do proletariado, tendo por esteio o pensamento político dos vários matizes da esquerda. A terceira constitui a progressiva formação de uma indústria cultural (com seus objetivos mercantis e de lucro) que recolheu nas formas, nos conteúdos e nas mentalidades populares os materiais simbólicos e artísticos de que necessitava para refazê-los como produtos de massa (desde os jornais, revistas, circos, festas e *music-halls* do século XIX, até o cinema, o rádio e a televisão do XX). É por essa razão que Paulo Sérgio Rouanet, comentando o irracionalismo e o antielitismo hoje predominantes, afirma:

> Muito diferente [...] é defender a cultura popular, que tem tão pouco a ver com a cultura de massa quanto o socialismo tem a ver com o populismo. É óbvio que ela é um patrimônio especialmente valioso e precisa ser protegida para não desaparecer. Mas protegida contra o quê? Não contra a alta cultura, nacional ou estrangeira, e sim contra a cultura de massas, nacional e estrangeira. O que ameaça a sobrevivência da literatura de cordel não é Finnegan's wake, e sim a telenovela.[14]

Portanto, este segundo entendimento valoriza, sobretudo, as manifestações do próprio universo popular, seja ele tradicional e de origem agrária, seja moderno e urbano, preocupando-se com a sustentação de suas condições de existência, com a difusão de suas manifestações em outras coletividades igualmente populares ou em círculos eruditos e ainda com a ampliação de oportunidades a seus artistas ou artesãos.

Mas ao adotarmos este último juízo de democratização cultural, caberá naturalmente, ou por consequência, a pergunta: o que significaria na verdade democratizar uma cultura que já provém, se manifesta e representa o espírito e os hábitos do povo?

Considere-se ainda que as culturas popular e de massa tendem a ser, cada uma a seu modo, *senhoras de suas existências*, entendendo-se por isso a tendência a não se mesclarem habitualmente com outras províncias da arte e do pensamento e de não aspirarem a densidades ou profundidades maiores. Nesse caso, a simples preponderância do universo popular abre caminho para a condenação da alta cultura, taxada de elitista, distante ou abstrata, o que reforça o antitradicionalismo já conhecido e visceral da arte culta moderna, extremamente influenciada tanto pela espontaneidade da arte popular quanto pelo espírito paródico e de entretenimento juvenil da cultura de massa.

Um terceiro entendimento possível, com suas vertentes apocalípticas ou integradoras, diz respeito à capacidade que a indústria cultural tem

---

[14] Paulo Sérgio Rouanet, "O novo irracionalismo brasileiro", em *As razões do iluminismo*, São Paulo: Companhia das Letras, 1987.

de romper barreiras de classe e de níveis educacionais e, assim *democratizar* – no sentido de tornar popularmente conhecidos e acessíveis – informações, símbolos e valores que os acompanham. Nesse caso, trata-se da expansão ilimitada da produção, da venda e da compra de mercadorias estéticas e imaginativas e que, na opinião de seus defensores, permite a todo indivíduo aceder a um conjunto de bens que, antes, estavam reservados, economicamente, aos ricos e, politicamente, aos poderosos ou aos estratos dirigentes.

Uma visão como essa pode ser encontrada, por exemplo, em Herbert Gans[15], para quem compradores e espectadores reagem aos produtos ou respondem às emissões da cultura de massa e assim contribuem para criar suas formas e conteúdos, em virtude do chamado *feedback* ou efeito retroativo por eles gerado. Encontramo-nos aqui com o argumento corriqueiro do *consumidor soberano*:

> Em uma sociedade democrática, um julgamento politicamente pertinente deveria começar por levar em conta o fato de que os bens culturais são escolhidos por pessoas e que não podem existir sem elas.

Para Gans, um debate a respeito de níveis culturais revela-se infrutífero, pois eles não possuem importância decisiva sobre o comportamento social:

> Se as pessoas são capazes de afirmar suas próprias preferências estéticas e encontrar formas culturais que as satisfazem, torna-se possível, qualquer que seja o seu nível, realizarem-se e administrarem seu tempo livre de modo satisfatório, quer dizer, com um mínimo de tédio.

Em resumo, democratização cultural corresponderia aqui a um pluralismo estético livremente exercido, sem constrangimentos subjetivos e coações tradicionais (familiares, étnicas, de classe, educativas, etc.). "Os pobres", explica ainda o autor, "têm direito à sua própria cultura como qualquer outro [...] e, em todo caso, as democracias devem funcionar, e de resto funcionam, mesmo que seus cidadãos não sejam educados [... pois] o nível cultural de uma sociedade é menos importante do que um nível decente [material] de vida".

---

15 Herbert Gans, *Popular culture and high culture*, Nova York: Basic Books, 1974.

Se esse universo das artes e dos saberes tem sido produzido e disseminado industrialmente desde o século XIX, em todos e por todos os meios de comunicação de massa, já não é essa forma de cultura *hegemônica*, estética, social e politicamente, ou seja, inclusive de um ponto de vista gramsciano? Aqui, pode-se recorrer aos vínculos existentes entre pós-modernismo e cultura popular, como os apresenta, em forma de síntese, Dominic Strinati[16]:

> Considera-se que o pós-modernismo descreve o nascimento de uma ordem social na qual os meios de comunicação de massa e a cultura popular governam e moldam todas as outras formas de relacionamentos sociais [...]. A ideia é que os signos da cultura popular e as imagens veiculadas pelos meios de comunicação dominam crescentemente nosso senso de realidade e a maneira como nos definimos e vemos o mundo ao nosso redor [...]. Além disso, afirma-se que na condição pós-moderna há uma dificuldade crescente de se distinguir economia de cultura popular. O reino do consumo – o que compramos e o que determina aquilo que compramos – está a cada dia mais influenciado pela cultura popular. A cultura popular determina o consumo. Por exemplo, assistimos a mais filmes por causa da difusão dos aparelhos de videocassete [...]. Se os signos da cultura popular e as imagens dos meios de comunicação estão assumindo a função de definir o senso de realidade para nós, e se isso significa que o estilo ganha prioridade sobre o conteúdo, torna-se, portanto, mais difícil manter uma distinção significativa entre arte e cultura popular. Não há mais um critério unânime e inviolável que diferencie arte e cultura popular. O que nos remete ao receio dos críticos da cultura de massa, que temiam a possível subversão da cultura erudita pela cultura de massa.

Logo, por que instituições de natureza artístico-cultural deveriam se preocupar em reproduzir ou reforçar, em segunda mão, o que já se prolifera, encontra-se inteiramente mercantilizado e domina as práticas socioculturais?

Essa forma de democratização, no entanto, aos olhos de seus oponentes significa apenas que nos tornamos consumidores vulgares, isto é, nem soberanos, nem autônomos, e sim testemunhas viciadas de *ofertas de divertimentos e de uma exigência mercantil igualitária*, aquela que torna homogênea a lógica do investimento, indistintamente aplicada a sabonetes

---

16 Dominic Strinati, *Cultura popular, uma introdução*, São Paulo: Hedra, 1999.

e a linhas editoriais. Hoje, na prática, quase toda a produção de objetos e de obras simbólicas provém da indústria cultural e passa pelo sistema midiático. Ora, a velocidade muito rápida dessa produção e a substituição inesgotável de seus bens conferem à cultura "modernamente democratizada e mundializada" um estatuto de moda, de epifenômeno, de contingência, de imediatismo e lucratividade.

No entanto, um bem tido como cultural – em seu sentido primevo e distintivo – não é algo funcional e utilitário, que responda a uma necessidade imediata da vida corrente. Um bem verdadeiramente cultural surge como um fenômeno que transforma e ultrapassa as necessidades vitais e assim instaura uma *imortalidade potencial* (nas palavras de Hannah Arendt). Ou ainda, na opinião de Benjamin, que se inspira na tradição da poética greco-romana, uma obra de cultura autêntica necessita ganhar distanciamento (*Entfernung*), o que significa apartar-se da vida imediata. Por tal motivo, a lógica que dirige a produção e o consumo dos bens corriqueiros de uso – neste último caso, a sua destruição – não pode ser a mesma dos bens artísticos-culturais. E, no entanto, é justamente esse *fenômeno igualitário* que a cultura de massa ou a indústria cultural persegue em sua voracidade. A esse respeito, vejamos a opinião da pensadora alemã:

> Do ponto de vista da duração pura, as obras de arte são claramente superiores a todas as outras; como perduram mais tempo no mundo, são as mais mundanas das coisas [...]. Falando apropriadamente, elas não são fabricadas para os homens, mas para o mundo, para aquilo que permanece além da vida limitada dos mortais e do vaivém das gerações [...]. A dificuldade relativamente nova com a sociedade de massa é talvez ainda mais séria, não em razão das massas em si, mas porque tal sociedade é essencialmente consumidora, e nela o tempo de lazer não serve ao aperfeiçoamento, mas à diversão crescente [...] tudo se passa como se a vida saísse de seus limites para servir-se de coisas que jamais foram feitas para ela. O resultado não é, certamente, uma cultura de massa, que na verdade não existe, mas um *lazer de massa que se alimenta de objetos culturais do mundo*.[17]

---

17   Hannah Arendt, *La crise de la culture,* Paris: Galimard, 1972.

DE VOLTA AO TEMA

Ao menos teoricamente, não cabe à ação cultural reproduzir os valores conformistas, irracionais ou de puro entretenimento que podem ser encontrados, com certa facilidade e apelo, na cultura de massa. Para essas "demandas" culturais, o próprio mercado delas se incumbe.

De maneira mais corriqueira, o trabalho dos agentes culturais está voltado para a realização de processos e a promoção de serviços, ou seja, para a dinamização e para as mudanças de estado ou de situações que conduzam ao enriquecimento intelectual, cognitivo, sensitivo (estético), associativo, social ou mesmo corporal, e que possam ocorrer na medida em que se estabeleçam oportunidades diferenciadas em face das atitudes, vivências e do senso-comum cotidianos.

Haveria aqui duas perspectivas, nem sempre excludentes: 1) a *alfabetização* cultural, entendida como aquela que estimula, facilita o acesso e se dirige ao aprendizado e domínio de conhecimentos e de habilidades mínimas nos terrenos das expressões artísticas, intelectuais ou corporais, para um público amador, diletante ou semiprofissional (oficinas e ateliês, cursos, treinamentos e programas educacionais); 2) a *difusão* cultural, que tem por referência eventos programados e abertos, marcados pela experiência da audição ou da presença do público como espectador (concertos, festivais, exposições, torneios e espetáculos), destinados à fixação de um "hábito".

UMA DEFINIÇÃO POSSÍVEL

A ação ou animação cultural constitui uma intervenção simultaneamente técnica, política, social e econômica, levada a efeito pelo poder público ou por organismos particulares da sociedade civil, que concebe, coordena, gere ou participa de programas, projetos e atividades relativas à: 1) formação ou aprendizado de técnicas e/ou de conhecimentos artesanais, artísticos e científicos; 2) difusão de obras simbólicas e de experiências estéticas por meio de espetáculos, festivais, exposições, debates, seminários; 3) formação e desenvolvimento de grupos sociais, com seus objetivos específicos e os gerais de melhoria de vida, em defesa de direitos civis ou de cidadania – grupos de idosos, de adolescentes, de mulheres, de bairro, de proteção ambiental, etc.; 4) educação popular, vinculada a temas delimitados, mas de tratamento informal e adesão voluntária – alfabetização, vulgarização científica e tecnológica, dinamização de bibliotecas, habilidades artesanais ou *bricolage*, línguas, etc.; 5) formação ou aprendizado de habilidades corporais e desportivas – cursos e treinamentos; 6) difusão de modalidades esportivas (jogos, torneios, campeonatos) e de atividades recreativas; 7) turismo social (de férias, de fins de semana, acampamentos); 8) conservação e popularização do acesso e do conhecimento a patrimônios e acervos históricos, científicos e artísticos; 9) criação ou estímulo à formação de centros ou de movimentos de informação e de formação culturais em pequenas e médias comunidades; 10) treinamento de quadros voluntários, semiprofissionais ou profissionais de agentes ou animadores.

Em grandes linhas, portanto, o discurso da ação cultural segue a tradição humanista ou iluminista da pluralidade das experiências e da diversidade do pensar, pressupondo que, por seu intermédio, possam ser geradas novas ações individuais e coletivas. Que estimule a autonomia do gosto, a multiplicação das possibilidades do imaginário, das percepções intelectivas, ou os contatos sociais, por exemplo. Logo, seu campo de trabalho é amplo o suficiente para abranger os mais variados assuntos e perspectivas. Nesse processo de dinamização, torna-se indispensável o hábito do aprendizado e da convivência com expressões artísticas e intelectuais e com os grandes temas contemporâneos: a compreensão e a vulgarização da ciência; o papel e as perspectivas da tecnologia; a ruína ecológica; a densificação dos dramas humanos no ambiente urbano; os esforços de superação das condições de pobreza material; os renovados conflitos sociais e econômicos; as mentalidades relativas ao sexo e ao corpo; o papel, as transformações ou a importância das instituições sociais, políticas e religiosas, etc.

Constitui também um esforço de reflexão e de proposição que, em síntese: a) ofereça oportunidades para a criação, o entendimento e a difusão de bens culturais não-industrializados; b) saiba selecionar e procure difundir, com clareza de critérios, manifestações e obras qualitativamente importantes, geradas no interior da cultura de massa. Assim sendo, todo o sistema de símbolos que resume e representa os comportamentos e as criações culturais faz parte de seu universo possível. No fim da linha, luta-se contra a barbárie e, consequentemente, a favor de um processo civilizatório. E no entanto, as grandes dificuldades da ação cultural estão justamente aí. Em primeiro lugar, qualquer processo de mudança só é perceptível em longo prazo, e os instrumentos para mensurá-la são ambíguos ou contraditórios (as relações de causa e efeito). Ou seja, frequentemente dependem de fatores alheios ou externos – políticos, econômicos, etc. Em segundo lugar, a ação cultural ocorre em espaços delimitados, descontínuos e de poder de irradiação mais frágeis do que os utilizados pela cultura de massa. Talvez seja indispensável, sem abandonar o contato ao vivo e direto com as manifestações intelectuais e artísticas tradicionais (exposições de artes plásticas, espetáculos cênicos, cursos regulares ou estágios experimentais, debates e seminários, etc.), que ela própria se associe ou incorpore meios eletrônicos e publicitários como instrumentos de sua permanente difusão.

Ao lado de uma vida artístico-cultural que se realiza moderna e predominantemente como mercado de bens, industrializados ou não (leilões de arte, por exemplo), a ação cultural intervém, nos seus melhores momentos, como portadora de outros valores: a diminuição das desigualdades culturais e, por essa via, das diferenças sociais; a oportunidade para a evolução de novos talentos; a análise das ideologias e visões de mundo; a experimentação e o despertar de novos interesses; a formação de públicos, de habilidades e de comportamentos que aperfeiçoem o caráter humanístico; ou a pesquisa, recuperação e análise de fatos, documentos ou registros históricos. Daí sua importância e, ao mesmo tempo, a sua responsabilidade pública. Pois o fato de uma instituição ou agência criar ou patrocinar um determinado projeto ou evento indica, clara ou implicitamente, que ela assume um compromisso ético ou moral, de aprovação e de mérito àquela atividade que desenvolveu ou ajudou a realizar. Esse compromisso deve refletir ou estar resguardado por: a) adequação entre os aspectos teóricos e a configuração prática da ação – definição e clareza de propósitos; b) transmissão de conteúdos inovadores, pouco usuais ou enriquecedores do cotidiano – qualidade da ação; c) tratamento correto e adaptado das informações e das atividades ao meio sociocultural em que se desenvolve – pedagogia política da ação; d) possibilidade de desdobramentos que aprofundem a experiência – amplitude formal da ação.

O ASSUNTO NO BRASIL

No Brasil, uma tentativa pioneira de teorização a respeito do assunto foi a de Teixeira Coelho. Baseando-se numa passagem relativamente vaga do *Banquete* de Mário de Andrade, referente a uma "arte-ação", mas proposta intencionalmente aos artistas nacionais, afirma o autor:

A ação é um processo com início claro e armado mas sem fim especificado e, portanto, sem etapas ou estações intermediárias pelas quais se deva necessariamente passar – já que não há um ponto terminal ao qual se pretenda ou espere chegar [...]. Na ação, o agente gera um processo, não um objeto [...]. Para se conseguir alguma coisa de durável em cultura se aposta na ação, quer dizer, na possibilidade de terem as pessoas condições para inventar seus próprios fins [...]. A ação cultural tem sua fonte, seu campo e seus instrumentos na produção simbólica de um grupo [...]. O que é vital à ação cultural é a operação com os princípios da prática em arte, fundados no pensamento divergente e no pensamento organizado, e movido pela possibilidade, pelo vir-a-ser. É esse na verdade o tipo de pensamento que altera os estados, transforma o estado em processo, questiona o que existe e o coloca em movimento na direção do não conhecido.[18]

O entendimento que o autor propõe procura ainda distinguir a ação cultural do que denomina "fabricação cultural", ou seja, "um processo com um início determinado, um fim previsto e etapas estipuladas que devem levar ao fim preestabelecido". A fabricação seria, pois, autoritária, coercitiva e ardilosa, já que um dos sentidos possíveis da palavra – *faber, fabricae* – traduziria um fazer astucioso.

Esse entendimento corresponde, em primeiro lugar, a uma espécie de transposição do *construtivismo educacional* para o âmbito da ação cultural. Ou seja, importam os meios, as formas, não o conteúdo. Importa a seleção livre e subjetiva do paciente – por isso mesmo convertido em agente do processo –, e não o domínio do objeto ou do conhecimento pregresso.

Sob outro ponto de vista, o mesmo vocábulo sempre conteve significados mais nobres e correntes: o de fazer, trabalho realizado com as mãos, arte de construir, arquitetura, profissão, mister (por exemplo, *fabrica mundi* – criação do mundo – ou *fabrica hominis* – formação do homem). De onde derivam *fabrefacio* – construir com arte – e *fabricabilis* – próprio para ser trabalhado, plástico, passível de criação (de novas palavras ou expressões literárias, por exemplo).

Em terceiro lugar, o conceito sugerido deixa de contemplar qualquer atributo racional ou reflexivo ao valorizar um processo vivenciado

---

[18] Teixeira Coelho, *O que é ação cultural*, São Paulo: Brasiliense, 1988.

intimamente por um grupo, mas sem etapas, sem finalidades e indiferente a objetos ou interesses conscientemente concebidos. Na ausência de métodos e de objetivos, esse caráter "livre ou libertário" corre o risco de ser conduzido mais pelo aparato sensível ou psíquico dos participantes, por *insights* repentinos e ocasionais, do que por estruturas cognitivas e conhecimentos históricos.

Por fim, a noção apresentada reduz drasticamente o campo ou as possibilidades sociais de atuação das agências culturais, pelo fato de circunscrever sua abrangência a pequenos grupos voluntários.

4. Política cultural [1]

Por política cultural pode-se entender, inicialmente, o conjunto de intervenções e decisões dos poderes públicos por meio de programas e de atividades artístico-intelectuais ou genericamente simbólicas de uma sociedade, conduzido em nome do interesse geral ou do bem comum de uma coletividade, embora deste âmbito se encontre habitualmente excluída (mas nem sempre) a política de educação ou de ensinos formais.

Como não poderia ser historicamente diferente, os governos monárquicos ou os regimes aristocráticos foram os primeiros a criar instituições ou aplicar recursos de tal natureza. O que se segue, no entanto, refere-se a um breve retrospecto do século xx, quando a expressão se estabelece formalmente.

Ela diz respeito à ação cultural do Estado ou do poder público e abrange tanto o arcabouço jurídico de tributos incidentes, de incentivo e proteção a bens e atividades quanto: 1) os princípios, regras e métodos de atuação; 2) os organismos ou estruturas administrativas deles encarregados; 3) o gerenciamento ou formas de apoio a instituições, grupos, programas ou projetos; 4) a manutenção ou difusão de obras e de processos artístico-intelectuais; 5) a preservação e uso de bens patrimoniais, materiais ou imateriais.

---

1 Também usamos aqui parte do texto contido no verbete homônimo do *Dicionário SESC, a linguagem da cultura* (São Paulo: Perspectiva, 2003), com acréscimos de pesquisas mais recentes.

UNIÃO SOVIÉTICA – O NARKOMPROS

Na qualidade de uma intervenção oficial, sistemática e institucionalizada, que por seu intermédio reconhece a importância sociocultural das artes, das produções intelectuais e dos acervos históricos, a política cultural, no sentido público ou republicano da expressão, surgiu em inícios do século xx, integrando-se à lógica das planificações econômicas, sociais e educacionais da União Soviética, assim como à tarefa de sua propaganda ideológica. Tratou-se do conhecido "Comissariado da Instrução Popular" (*Narodnyy Komissariat Prosveshcheniya*), instituído em 1917 em Petrogrado (São Petersburgo), mas cujo funcionamento, de fato, só principiou em março de 1918 em Moscou, sendo dirigido, inicialmente, pelo crítico literário Anatole Lunacharski e pela companheira de Lênin, Nadezhda Krupskaia, sob a sigla Narkompros.[2] A ele foram atribuídas funções concomitantes e bastante complicadas à época, no mínimo pelo gigantismo das tarefas: as políticas de alfabetização e de educação pública, a científico-tecnológica e a artística, cabendo a esta última as mais variadas expressões, distribuídas em departamentos específicos: dramaturgia (*Teo*), música (*Muzo*), literatura (*Lito*), acervos palacianos e museológicos, bibliotecas, a academia de belas-artes, artes gráficas (*Izo*), fotografia e cinema (*Foto-Kino*) e um novo programa, o *Proletkult* (Organização Cultural do Proletariado). O Narkompros envolveu-se ainda com o projeto do Partido Bolchevique, de natureza ambulante, o *agitprop* (*agitatsiya-propaganda*), tendo por finalidade a formação de grupos e a apresentação de espetáculos de agitação e de propaganda políticas, cujos integrantes eram transportados em barcos e trens para as áreas sob controle do exército vermelho. O projeto manteve-se ativo apenas durante a Guerra Civil.

Servindo a todos os organismos do superministério, simultaneamente, criou-se também um departamento de publicação (*Gosizdat*).

A sugestão de se ter em separado um ministério exclusivo das artes foi ideologicamente rebatida por seus dirigentes, para quem isso seria "a herança de um regime puramente despótico, a sobrevivência de um tempo em

---

2   Encontram-se traduções diferenciadas, entre elas as francesas "comissariado do povo para a instrução pública" ou "comissariado popular de instrução", a alemã "comissariado do povo para a formação cultural", a inglesa "comissariado para a ilustração" e a hispano-portuguesa "comissariado estatal para a cultura". Preferimos adotar, no entanto, a versão brasileira, sugerida pelos professores Boris Schnaiderman e Jacó Guinsburg.

que a arte estava completamente sob controle do Palácio"[3]. Arte, educação e ciência deveriam, pois, ser pensadas e geridas conjuntamente, e a Rússia alcançaria um estádio mais elevado de desenvolvimento quando fosse também "educada em arte", nas palavras de Olga Kameneva, encarregada então da seção teatral de Moscou.

As primeiras dificuldades de tão grande pretensão foram sentidas logo após a posse do grupo ministerial, pois, segundo o próprio Lunacharski declarou ao jornal *Novaya zhizn*:

> temos percebido que qualquer escriturário cabeça-oca logo nos procura, mas todos os trabalhadores intelectuais (*ideinye*) insistem, refratariamente, na opinião de que somos usurpadores [...]. Será mais fácil construir tudo de novo do que levar em consideração instituições velhas e decadentes.[4]

Na esfera educacional (*Politprosvet*), e para elevar o nível de instrução então extremamente baixo, o Comissariado lançou uma campanha nacional de alfabetização e criou o projeto do ensino público, gratuito e obrigatório até os dezessete anos. A "escola única de trabalho" foi concebida para unir as humanidades aos conhecimentos agrícolas e industriais, dentro de uma pespectiva inicialmente politécnica, mas progressivamente especializada. Segundo análises posteriores do Instituto Internacional de Planificação da Educação, órgão da Unesco, embora o sistema tenha conseguido aumentar enormemente a quantidade de estudantes universitários (de 127 mil no período 1914–1915 para 811 mil no ano letivo 1940–1941), a qualidade da formação manteve-se em níveis sofríveis, tanto pelas poucas exigências de ingresso quanto pelas diretrizes ideológicas extremamente rígidas.

Muitos artistas das vanguardas futurista e abstracionista participaram dos quadros e departamentos do Comissariado, na qualidade de dirigentes, conselheiros ou professores, tais como Tatlin, Malevich, Rodchenko, Kandinsky, Maiakovski, Shterenberg e Punin, ao menos até o início dos expurgos stalinistas e a opção pelo "realismo socialista". No entanto, conforme

---

[3] Opinião de Lunacharski ao Comitê de Educação, formalmente proferida em 5 de abril de 1918. Citado por Sheila Fitzpatrick em *The comissariat of enlightenment*, Cambridge: Cambridge Press, 1970.

[4] Citado por Sheila Fitzpatrick em *The comissariat of enlightenment*, Cambridge: Cambridge Press, 1970.

opinião de Fitzpatrick, os "membros da *intelligentsia* literária e radical boicotaram, em princípio, o Comissariado como órgão do poder soviético". O mundo artístico, concentrado em Petrogrado e Moscou, tinha antes a intenção de conquistar uma ampla autonomia, removendo antigas dependências políticas, estéticas e financeiras do governo tzarista. Perspectiva que logo se mostrou completamente ilusória, desde o momento em que mesmo organismos civis, integrados por artistas e profissionais de prestígio, como a União das Artes (*Soyuz Deyatelei Iskusstv*), foram constrangidos a exercer suas atividades sob rígida orientação do poder central e do Narkompros. Até mesmo intelectuais conhecidos de esquerda e próximos dos ideais revolucionários, como Gorki e Tikhonov, não acreditavam que um órgão com tantas responsabilidades e falta de recursos pudesse alcançar alguma eficiência. Maiakovski, por exemplo, só admitiu em finais de 1918 cooperar com o IZO, pois havia "finalmente compreendido que a luta pela nova arte só poderia ser promovida dentro das formas organizativas soviéticas".[5]

Com relação ao universo propriamente artístico, as maiores preocupações e as ações mais imediatas dos primeiros anos concentraram-se em apenas três áreas, consideradas indispensáveis à preservação de patrimônios e à manutenção de companhias: a dos teatros antes imperiais (Aleksandrinsky, Mariinsky e Mikhailovsky), em São Petersburgo, a da Academia de Artes, com núcleos em São Petersburgo e Moscou (dissolvida e reformulada em 1918), e a dos palácios e acervos. Gradativamente, no entanto, os intelectuais "juntaram-se a ele [Narkompros] em grande número e os departamentos da área de artes proliferaram de gente além de qualquer racionalidade funcional e em detrimento da reputação do ministério entre outras organizações do governo e do partido".[6] Em resposta a essa situação, que chegou a decuplicar, já em 1919, o número de funcionários existentes sob o velho regime, houve uma pequena racionalização de recursos em 1920 e uma reforma mais profunda no ano subsequente.

As críticas à política vacilante e de compromissos que o Narkompros vinha mantendo ficaram evidentes durante o Encontro do Partido Bolchevique sobre Educação, realizado entre 31 de dezembro de 1920 e 4 de janeiro de 1921. Os adversários de Lunacharski e de Krupskaia, entre eles Evgraf

---

5 Citado por O. Brik in *Literaturnyi kritik*, Moscou, n. 4, 1936.
6 Fitzpatrick, op. cit.

Litkens, amigo de Trotski e encarregado de propor um novo modelo, Grigori Grinko e Otto Schmidt desejavam que a educação profissional, a partir das duas últimas séries do ensino secundário, fosse a mais abrangente e determinante tarefa do Comissariado, seguindo as tendências já adotadas por Grinko na Ucrânia. A função ou o papel das artes, portanto, deveria estar inteiramente subordinada às necessidades práticas e técnicas de uma educação especializada e da construção do Estado soviético. A disputa entre os defensores da educação politécnica (e independência do campo artístico) e os da educação especializada necessitou da intervenção direta de Lênin. Em uma decisão ambígua, ou de mútua concessão, o líder recomendou que o Comitê Central do partido autorizasse a reformulação do órgão contemplando dois objetivos: em face das necessidades de industrialização e de produção técnico-especializada, a reforma do Narkompros teria, como tarefa imediata, a educação profissionalizante; em teoria, e para o futuro, conservava-se o ideal da educação politécnica e universalista. A nova organização passou então a ser formada por três organismos principais: o da educação profissionalizante (*Glavprofobr*), o da educação socioescolar (*Glavsotsvos*) e o da política educacional (*Glavpolitprosvet*), além de um Colégio Acadêmico, subdividido nas seções acadêmica e artística, uma Administração dos Museus, uma Administração dos Arquivos e o Departamento de Publicações.

BRASIL – O PENSIONATO ARTÍSTICO E O DEPARTAMENTO DE CULTURA DE SÃO PAULO

As primeiras realizações republicanas de cunho político-cultural no estado de São Paulo tiveram à frente personagens intelectuais que, direta ou indiretamente, contribuíram para o movimento modernista.

Em 1912, por meio do Decreto nº 2.234, o governo homologou a criação do Pensionato Artístico, submetido à Secretaria dos Negócios do Interior. Seu titular à época, o deputado Altino Arantes, havia defendido, no projeto, a ideia de um organismo que oferecesse bolsas anuais de estudo a artistas plásticos e músicos eruditos nacionais, com a intenção de fazê-los se aperfeiçoar na Europa, sobretudo em Paris e Roma, tendo em vista não haver escolas ou organizações semelhantes no estado (tratava-se de retomar uma prática vinda do Segundo Império, o Prêmio Viagem, criado em 1845 e regulamentado como pensionato em 1855).[7] Freitas Valle assumiu a direção do conselho fiscal da instituição, encarregado de selecionar os postulantes, indicar os centros de ensino e os locais de moradia. Embora da junta fizessem parte, alternadamente, outras figuras importantes da *belle époque* paulistana, como Ramos de Azevedo, Sampaio Viana, Olívia Guedes Penteado ou Oscar Rodrigues Filho, na prática a escolha do candidato sempre foi decidida por Freitas Valle. As bolsas eram de longa duração, normalmente de cinco anos, e os artistas se comprometiam a enviar relatórios com provas de suas atividades corriqueiras e produções. Entre vários outros, foram beneficiados Anita Malfatti, Victor Brecheret, Túlio Mugnaini, Leonor Aguiar, Francisco Mignone e Souza Lima. O Pensionato subsistiu até abril de 1931, quando a Nova República tenentista demitiu Freitas Valle e reformulou o órgão, criando em seu lugar o Conselho de Orientação Artística.

De modo bem mais abrangente e, portanto, pioneiro no país, a prefeitura de São Paulo criou, em 1935, o Departamento de Cultura e Recreação, idealizado por Paulo Duarte e cuja diretoria foi entregue a Mário de Andrade. O órgão foi composto, no correr da década, pelas seguintes divisões: de Expansão Cultural, de Bibliotecas, de Educação e Recreio e de Documentação Histórica e Social.

A primeira delas, a de Expansão Cultural, abrigava três seções: a de Teatros e Cinemas, encarregada das atividades musicais da orquestra sinfônica, do coral paulistano e de projetos de cinema educativo; a de Rádio Escola incumbia-se de emissões de música erudita e de programas educativos infantis; a seção da Discoteca Pública, cujo início deu-se em 1936, teve por finalidade construir e manter acervos musicais folclóricos e eruditos por intermédio de gravações *in loco*, discos e partituras.

A Divisão de Bibliotecas subdividia-se em Municipal, Circulante e Infantil e se propunha, adicionalmente, ao exame, recebimento em doação ou compra de acervos bibliográficos particulares para inclusão nas coleções públicas.

A Divisão de Educação e Recreio cuidava das áreas de atividades físicas, esportes amadores e de educação pré-escolar em parques municipais.

Já a Divisão de Documentação Histórica e Social tinha por responsabilidade os trabalhos de arquivamento, restauração, tradução e publicação de tex-

---

7   O regulamento previa que os candidatos deveriam ser cidadãos paulistas, ter entre 12 e 25 anos e demonstrar talento reconhecido para pintura, escultura, música ou canto.

tos. A ela subordinava-se também a Revista do Arquivo, periódico consagrado à publicação de estudos ou pesquisas de caráter sobretudo etnográficos.

O Departamento também levou a efeito alguns concursos musicais, teatrais e de leituras estudantis sobre o País. Este último tipo, o concurso de leituras, estipulava um tema e a bibliografia a ser consultada, oferecendo prêmios às melhores análises, submetidas a julgamento.

Em 1937, ainda no governo municipal de Fábio Prado, desenhou-se no Departamento de Cultura um novo projeto, o de Casas de Cultura[8], que não chegou a se concretizar. Tratava-se da implementação de pequenos núcleos edificados em bairros populares, mais afastados do centro, providos de sala de conferência, sala para "clube popular" (jogos de salão, leitura de jornais, audição coletiva de rádio, baile), sala de atividades artísticas, biblioteca, sala de ginástica e serviço de orientação profissional para jovens.

A partir de 1938, no entanto, com a chegada de Prestes Maia à prefeitura, o departamento começou a sofrer cortes de programas e de verbas. Mais preocupado com a reforma urbana e as obras de ampliação viária, Prestes adotou uma posição legalista perante as leis vigentes da época, segundo as quais os gastos oficiais com educação e cultura deveriam continuar como atribuições dos Estados. Ainda assim, concordou com a criação da Escola de Balé.

BRASIL – AS AÇÕES MINISTERIAIS

O Ministério da Educação e Saúde Pública, instituído em novembro de 1930, pode ser visto como um dos símbolos da política cultural do então recente movimento revolucionário, e para a qual se sentia atraída a *intelligentsia* brasileira, de maioria nacionalista, mas dividida ideologicamente em correntes liberais, antiliberais e socialistas, assim como em visões mais tradicionalistas ou modernizantes. Nele foram previstos órgãos e ações mais especificamente artísticas e patrimonialistas, complementares aos de ensino e saúde. Em 1937, foram idealizados e nele incorporados o Instituto Nacional do Livro e a Secretaria do Patrimônio Histórico e Artístico Nacional (SPHAN), projeto este solicitado a Mário de Andrade. Em 1938,

---

8 Como simples denominação, antecede em mais de vinte anos o programa do Ministério de Assuntos Culturais do governo De Gaulle, sob a responsabilidade de André Malraux.

criou-se o Conselho Nacional de Cultura, renomeado, em 1966, Conselho Federal de Cultura. Em 1953, no segundo período Vargas, o ministério transformou-se em Educação e Cultura (MEC), em decorrência da instituição de um organismo exclusivo de saúde.

No período da ditadura militar, o setor cultural do MEC procurou implementar uma política, senão de conquista, ao menos de aproximação com a classe artístico-intelectual do país, na tentativa de reduzir as críticas político-ideológicas que lhe eram feitas. Entre 1969 e 1973, foram adotadas duas medidas específicas: a criação do PAC, Programa de Ação Cultural, destinado à concessão de créditos para produções artísticas (teatro, dança, literatura, artes plásticas) e bens patrimoniais (museus, coleções), e da Embrafilme (Empresa Brasileira de Filmes), inicialmente incumbida apenas da divulgação do cinema nacional. Em 1975, a instâncias do MEC, os membros do Conselho Federal de Cultura[9] elaboraram um documento previsto como norteador de uma Política Nacional. Desse período datam a criação do Concine (Conselho Nacional de Cinema, com a extinção concomitante do INC–Instituto Nacional de Cinema), da Funarte (Fundação Nacional de Arte) e o aumento das atribuições da Embrafilme, que passou a financiar a produção e a distribuição de obras.

Apesar de tais medidas, em um encontro realizado em 1982, dedicado ao exame de políticas culturais, o tema foi assim comentado por Mário Brockmann Machado, ex-diretor da Funarte e ex-subsecretário do MEC:

> Não me parece adequado falar-se sobre a existência de uma política cultural no país, hoje em dia, da mesma maneira em que, por exemplo, se fala da existência de uma política econômica, com suas características de comando centralizado, metas definidas e aferição de resultados. Melhor seria, na verdade, falar-se sobre a existência de políticas culturais. Essas políticas públicas são implementadas por órgãos os mais variados, que mantêm poucas relações entre si [...]. A pobreza dos orçamentos destinados à área cultural é mais um componente desse quadro, que bem revela a baixa prioridade da política cultural nos planos governamentais da União e da quase totalidade dos estados. Some-se a isso o fato de inexistirem diretrizes claras sobre os limites da intervenção do Estado na área

---

9 Manuel Diegues Jr., Gilberto Freyre, Afonso Arinos de Melo Franco, Josué Montello, Artur Ferreira Reis, Carlos Alberto Direito e Clarival do Prado Valladares.

cultural, o fato de não existir uma ideologia democraticamente aceitável que possa legitimar e orientar essas ações, o que provoca ou um confronto aberto de posições antagônicas, levando à paralisia decisória, ou uma certa tendência a evitar projetos mais ousados e a privilegiar um grande número de pequenas ações [...]. Disto resulta uma atuação das agências de fomento da área cultural com duas características fundamentais. Em primeiro lugar, essa atuação é *clientelística* [...]. Mas se essa demanda é sempre a mesma, a clientela é, no entanto, bastante variada [...] e essa multiplicidade de clientes acaba fazendo com que a atuação assuma uma acentuada natureza *pluralista* [...]. A segunda característica fundamental dessas agências é o seu *caráter assistencial*: elas tendem a apoiar atividades que, por várias razões, encontram grandes dificuldades para sobreviver no mercado da indústria cultural [...]. Mas a inexistência de uma política substantiva na área da cultura não significa que não exista no país um projeto cultural em execução. Esse projeto existe, é o do mercado, é a indústria cultural.[10]

Algumas das questões pertinentes que o autor então sugeriu não parecem ter sido até os dias de hoje eficazmente respondidas. Aqui reproduzimos algumas, de modo resumido: a) quais poderiam ser as melhores formas permanentes de participação e representação dos setores interessados da sociedade no processo decisório da política cultural?; b) como equacionar a ação nacional e as ações regionais, estaduais, locais?; c) como equacionar os recursos e compatibilizá-los com setores ou expressões tão variadas?; d) os apoios devem ser dados a projetos, a programas ou a instituições?; e) a construção de centros culturais é viável em um país de dimensões continentais, dados os custos crescentes de manutenção, ou seria preferível agir como agência de fomento, técnico-financeira?; f) como evitar que os programas de apoio se restrinjam a eventos, descuidando-se de processos e da educação artístico-intelectual?

Em 1985, com o estabelecimento da nova República, a área considerada cultural do Ministério da Educação ganhou sua desejada autonomia político-administrativa. Um ano depois, o governo federal fez editar a lei do Fundo de Promoção Cultural, tendo por objetivo instituir formas de captação de recursos financeiros e de financiamento de atividades, lançando mão do abatimento tributário ou renúncia fiscal, modelo sujeito a

---

10 Mário Brockmann Machado, "Notas sobre política cultural no Brasil" em *Estado e cultura no Brasil*, São Paulo: Difel, 1984. O depoimento, no entanto, foi dado em 1982.

variadas críticas de naturezas técnica e política. Já em 1991, o ministério reordenou os mecanismos de incentivo no Programa Nacional de Apoio à Cultura (Pronac), criando três grupos de apoio: o Fundo Nacional de Cultura (FNC), os Fundos de Investimento Cultural e Artístico e os Incentivos a Projetos Culturais.

Em setembro de 1943, no âmbito do então Ministério do Trabalho, Indústria e Comércio, entrou em funcionamento o Serviço de Recreação Operária (SRO), idealizado e depois presidido, nos seus primeiros dez anos, por Arnaldo Lopes Sussekind. Mantido com um percentual do imposto sindical único (regulamentado um ano antes), o SRO teve por objetivo fomentar programas e difundir atividades esportivas e turísticas, culturais e de escotismo, consideradas, simultaneamente, "educativas, úteis e sadias" (consoante lei de criação) à recuperação física e mental do operariado e de suas famílias. Ao mesmo tempo, buscavam-se formas para um melhor uso dos tempos livre ou de lazer, já que tanto técnicos do governo quanto alguns dos principais empresários não aprovavam determinados comportamentos das classes trabalhadoras em finais de semana, entre eles a frequência aos bares e a prática de jogos de azar.

O Serviço passou por modificações ao final do Estado Novo, em 1945, e permaneceu relativamente ativo até 1964, quando foi extinto pelo golpe militar.

FRANÇA – O PRIMEIRO MINISTÉRIO EXCLUSIVO E AS CASAS DA CULTURA

A partir de 1932, quando de sua instalação, o Ministério da Educação Nacional abrigou a Secretaria de Estado das Belas-Artes, convertida em Direção Geral das Artes e das Letras em 1945. Sob sua orientação e gerência encontravam-se, por exemplo, a Escola Nacional Superior de Belas-Artes, o Conservatório Nacional de Música e a Escola Nacional Superior de Artes Decorativas. Com o advento da Frente Popular, a noção e a denominação de "política cultural" começaram a tomar corpo. O relator do orçamento artístico previsto para 1937 justificava assim os seus fundamentos:

> As massas profundas da população francesa se pronunciaram pelo pão, pela paz e pela liberdade. O pão do espírito também está em suas reivindicações fundamentais. É preciso deixar de olhar a arte como domínio reservado das classes mais

abastadas, dos especialistas e dos esnobes que a desonram. A arte deve aproximar-se do povo. Do povo que conquistou um desenvolvimento intelectual considerável, ao mesmo tempo em que abriu caminho para o progresso social [aproximar-se] particularmente desses milhões de trabalhadores que têm ou terão mais lazer e para o qual é necessário encontrar uma utilização agradável, proveitosa a cada um e a toda a sociedade. A cultura deve tornar-se republicana no sentido etimológico da palavra, ou seja, deve ser parte integrante da coisa pública.[11]

Nasciam em seguida os Centros de Educação Artística e os Albergues da Juventude, e, em 1946, a nova Constituição declarava expressamente como missão do Estado garantir a todos os cidadãos acesso à cultura.

Ainda assim, o segundo momento de repercussão internacional sobre políticas culturais (após o Narkompros) ocorreu com a instalação da V República Francesa (1959) e com as concepções e iniciativas de André Malraux à frente de um ministério abrangente, o de Assuntos Culturais, embora se saiba que o órgão tenha sido especialmente criado para garantir um novo *status* ao escritor, e não resultado de uma concepção política previamente concebida. À nova administração cabia:

> A missão de tornar acessíveis as obras capitais da humanidade, e primeiramente as da França, ao maior número possível de franceses: assegurar a mais vasta audiência ao nosso patrimônio cultural e favorecer a criação de obras de arte e de espírito que o enriqueçam (Decreto de 24 de julho).

E foram três, conjuntamente, as novidades ou os fatores que fundaram ou deram configuração a uma política cultural específica: 1) uma intenção ideológica expressa; 2) uma filosofia estatal de apoio seletivo à criação artística profissional; 3) um orçamento, uma estrutura administrativa e modos de operação próprios.

Diferentemente das experiências de educação popular que as instituições civis mais antigas implementavam, a *ação cultural do Estado* (como também a chamavam Malraux e Gaëtan Picon, este último um dos ideólogos do novo organismo e diretor de seu departamento de Artes e Letras durante a primeira década do ministério) deveria corresponder a um

---

11 Philippe Poirrier, *L'état et la culture en France au XXème siècle*, Paris: Le Livre de Poche, 2000.

projeto simultaneamente social e estético sem preocupações didáticas ou pedagógicas (de ensino) ou com o amadorismo artístico, dedicando-se exclusivamente aos seus profissionais. Tal opção significava afastar-se das alçadas de um ministério como o da Educação ou de organismos como o Alto Comissariado para a Juventude e os Esportes e fazer da democratização cultural uma experiência viva, ou seja, a de postar o público na presença real e sem intermediações de uma obra de arte – visitação, audiência, audição e leitura. De maneira integral, a arte só cumpre a sua missão civilizadora e de satisfação estética se o público puder ter com ela um contato direto, constante, duradouro. E, de um ponto de vista sociopolítico, a ação cultural só adquire valor se a grande maioria do povo puder conhecer as obras de arte e fazê-las objetos de convivência, de prazer, de espelho de vida e de reflexão.

Portanto, uma política cultural deveria autodelinear-se como intervenção distintamente perceptível, exigindo-se para isso uma doutrina e objetivos próprios. Uma tentativa de elucidação pode ser encontrada em certos pronunciamentos de Picon e Malraux, nos quais os âmbitos da cultura, da educação e dos lazeres são separados. As quatro citações seguintes foram retiradas de *L'invention de la politique culturelle*.[12] A primeira foi de uma conferência proferida por Gaëtan Picon em março de 1962 no Museu e Casa de Cultura do Havre:

> Na sociedade contemporânea, três domínios aparecem claramente, três domínios com os quais tentou-se identificar esta noção de cultura: o do ensino escolar e universitário; o do divertimento, pelo qual vemos o Estado sustentar alguns espetáculos ou dirigir o que chamamos os lazeres; e o da criação artística que diz respeito ao indivíduo, mas no qual o Estado não pode deixar de intervir em algum grau, seja porque pretende dignificar a livre criação (como nos regimes liberais), seja porque tente controlá-la e comandar o jogo (como nos sistemas totalitários). Se a criação de um Ministério da Cultura se justifica plenamente, como o creio, é porque existe um domínio essencial que não é nem ensino, nem diversão, nem criação artística.[13]

---

12 Philippe Urfalino, *L'invention de la politique culturelle*, Paris: Hachette, 2004.
13 Gaëtan Picon, "La culture et l'état", citado em Urfalino, op. cit.

André Malraux, em novembro de 1963, declarou no Palácio Bourbon:

> Durante anos acreditou-se que o problema da cultura era um problema de administração dos lazeres. É tempo de entender que se trata de duas coisas diversas, sendo uma apenas o veículo de outra. Um carro é sempre um carro, mas quando ele nos leva a algum lugar não é a mesma coisa que quando nos faz cair num precipício. Não há cultura sem lazeres, mas os lazeres são apenas meios para a cultura.

E Picon no mesmo discurso:

> Onde se acha a fronteira [entre educação e cultura]? A educação nacional ensina: o que devemos fazer é converter o ensino em algo presente [...]. Compete à universidade fazer com que Racine seja conhecido, mas compete apenas aos que o encenam fazê-lo amado. Nosso trabalho é fazer com que os gênios da humanidade sejam amados, e, em especial, os da França; mas não torná-los conhecidos. O conhecimento é da alçada da universidade; a nós cabe, talvez, o amor.

E por fim, como define em "La culture et l'etat":

> Como as universidades são os lugares onde se transmite a imagem acabada das culturas passadas, as casas de cultura serão os lugares nos quais a imagem inacabada da cultura presente será mostrada àqueles que dela participam, sem saber por isso mesmo que a modelam.

O "amor" pela cultura, como o queria Malraux e sua prestigiosa equipe, aproximava-se de uma certa missão religiosa, como a criada pela igreja na Idade Média. De modo aqui bastante simplificado, Malraux defendia a ideia de que, naquela época, os fiéis viviam não do conhecimento, mas da Revelação, da Legenda. A adesão continha um amálgama de reverência e de admiração estética, sentimentos reunidos nas liturgias e no mistério do sacramento. Agora, numa era científica, apenas o gênio artístico poderia reviver a comunhão de tais sentimentos ou afetos.

Entre 1960 e 1961, elaborou-se uma nova política, a das Casas da Cultura, sob coordenação do premiado romancista Pierre Moinot, tendo-se a preocupação de distingui-la muito claramente das ações e programas das Casas dos Jovens e da Cultura (Maison des Jeunes et de la Culture – MJC), mantidas pelo Alto Comissariado para a Juventude e os Esportes. No transcorrer de 1961, o projeto das Casas da Cultura foi proposto e discutido nas reuniões do IV Plano, dentro da comissão encarregada "dos equipamentos culturais e do patrimônio artístico". E no final daquele último ano, sua aplicação e a construção concomitante das unidades operacionais foram entregues à Direção do Teatro, da Música e da Ação Cultural, sob a chefia de Émile Biasini.

Em resumo, as características mais acentuadas da nova política concentravam-se nos seguintes aspectos: a assistência ou a audição vivas das manifestações, capaz de provocar, nos mais noviços ou desabituados, o "choque artístico"; a ausência de didatismo, no que se afastava do já secular movimento de educação popular; a polivalência ou a abertura a todas as formas artísticas (embora o teatro e a música tenham sido privilegiados); a aposta no profissionalismo e a exigência da mais alta qualidade[14]; o debate de questões conexas (seminários, simpósios); e as viagens coletivas. Com relação a este último programa, Moinot assim o exemplificava: "assistir Mozart em Salzburgo e Shakespeare em Stratford on Avon". Além disso, as Casas da Cultura teriam de ser instaladas nos principais centros de todo o território nacional e permitir o acesso, pelos baixos custos, de qualquer cidadão às suas atividades.

Como sempre tem ocorrido no âmbito das políticas culturais, o entusiasmo do início esfriou com as dotações orçamentárias aprovadas pelo ministério das finanças (comandado, na época, por Giscard D'Estaing) para o primeiro quadriênio do organismo, o de 1962–1965. A previsão de 85,6 milhões de francos novos foi bastante reduzida, a ponto de Biasini ter escrito no relatório anual de 1962: "Não temos, infelizmente, uma catástrofe olímpica em nosso quadro de medalhas".

O movimento político, estudantil e geracional de 1968, com toda a sua virulência iconoclasta, atacou frontalmente a política das Casas da Cultura, acusada de agir "em favor de uma cultura hereditária, particularista,

---

14 "Ou renunciamos às Casas de Cultura ou então é indispensável que elas comuniquem a imagem de uma certa coerência, de uma certa unidade. Se tomarmos o domínio cultural como um fato, sem pronunciarmos nenhum julgamento de valor, ele aparece como a justaposição de tendências e de obras incompatíveis. Quem pode imaginar que o papel das Casas de Cultura seja o de mostrar a imagem de um caos como esse? Não faríamos nada além de ler em voz alta o catálogo da livraria ou os programas anunciados na *Semana em Paris*". Gaëtan Picon, "La culture et l'état", em Urfalino, op. cit.

simplesmente burguesa". No momento da queda de De Gaulle e de todo o seu governo, em 1969, funcionavam ou estavam em vias de inauguração apenas nove unidades, a maioria delas adaptada em edifícios já existentes e nem sempre revitalizados de modo adequado: Havre (reconstruída, aliás, por Oscar Niemeyer em fins da década de 1970), Caen, Bourges, Paris Leste-Bobigny, Amiens, Thonon, Firminy, Grenoble e Nevers.

A partir de 1970, já sob a direção de Jacques Duhamel, a política cultural enveredou por caminhos e nomenclaturas distintas. A expressão forte passou a ser a de "desenvolvimento cultural" (em vez de ação cultural), baseando-se nos seguintes critérios: criação dos Fundos de Intervenção Cultural (FIC), provenientes de outras áreas governamentais, para aplicação em projetos novos, propostos por grupos da sociedade civil; substituição do investimento em Casas da Cultura por equipamentos mais parcos ou despretensiosos, os Centros de Ação Cultural, destinados, preferencialmente, à animação de grupos amadores e não tanto à criação artística profissional. A propósito, assim se pronunciou o então novo ministro:

> Ao lado de catedrais, é preciso igrejas; da mesma forma, se é verdade que a casa da cultura passou pela prova, ela não esgota todos os níveis da animação, que deve ser também, atualmente, mais difuso e, acima de tudo, mais modesto.[15]

Na gestão Jack Lang, por fim, as ações culturais adquiriram múltiplos sentidos. Sob um primeiro aspecto, foram vistos como empreendimentos igualmente econômicos, recebendo financiamentos sólidos, o que tornou a política pública um eco ou auxiliar da capacidade de produção das indústrias culturais (cinema, desenhos gráfico e industrial, alta costura, indústria fonográfica). Sob um segundo, como espetáculos cênicos festivos e celebrantes, mobilizadores de grandes massas. Nesses dois casos, as ações foram apoiadas, sempre que possível, em fortes campanhas publicitárias. Uma terceira linha de conduta dedicou-se à subvenção direta de artistas, principalmente plásticos, com a concomitante formação de coleções contemporâneas, por meio de compras. Tornou-se aliás um clichê a sua frase: "o ministério da cultura é, antes de tudo, o ministério dos artistas". Sem artistas não há criação, e esta significa "a agitação provocada nos domínios

---

15 Urfalino, op. cit.

das formas, dos gostos e das ideias". Ainda com ele e nos governos seguintes buscou-se um contato com públicos novos e ainda marginalizados – jovens das periferias, desempregados, imigrantes – e a valorização de suas formas artístico-culturais, traçando-se as linhas do chamado multiculturalismo (ver, a respeito, o último capítulo).

OUTROS ORGANISMOS E MODELOS DE INTERVENÇÃO DO ESTADO

A prosperidade econômica do pós-guerra, incluindo-se a revalorização de expressões nacionalistas em países recém-saídos da colonização ou integrantes do então chamado "terceiro mundo", estimulou igualmente o aparecimento de organismos, de objetivos e de orçamentos específicos de política cultural, embora esta se tenha conservado com um *status* inferior às demais políticas públicas.

Com a atuação concomitante da ONU, da Unesco e das conferências mundiais ou regionais sobre o assunto, tem-se defendido a tese de que a política cultural incorpora-se, necessariamente, aos projetos de evolução e de melhoria da sociedade. Ou seja, não seria ela um componente adicional ou derivado, mas um campo indispensável das políticas nacionais ou regionais. Assim, por exemplo, o artigo 27 da Declaração dos Direitos do Homem afirma que "toda pessoa tem o direito de integrar-se livremente na vida cultural da comunidade, de apreciar as artes e de participar do progresso científico e dos benefícios que dele resultam". Já o documento Problemas e Perspectivas (Unesco, 1982) defende a noção de que: "o desenvolvimento não deverá limitar-se ao campo econômico [que é um meio]; ele pressupõe que os objetivos do crescimento sejam definidos igualmente em termos de valorização cultural, de enriquecimento coletivo e individual, de bem-estar geral e preservação dos ambientes [urbanos e naturais]". Em outros termos, a existência de uma política cultural – desde que coerente, ampla e eficaz – constitui uma forma de expansão de conhecimentos e de práticas simbólicas, de integração social e de exercício de cidadania.

Na prática, porém, isto é, na dependência de uma orientação ideológica predominante ou mesmo de uma tradição de mentalidade no interior do aparelho de Estado, as políticas culturais variam entre objetivos e compromissos que, nos extremos, se caracterizam como: *dirigistas* (de forte intervenção) e *liberais* (de fraco comprometimento), *nacionalistas* e *cosmo-*

politas, *gradualistas* e *revolucionárias*, *elitistas* e *populistas*, *tradicionalistas* e *modernistas*. Comentando as formas já consagradas do mecenato público, escreve Rosarie Garon:

> Uma variedade de instituições foi criada [na segunda metade do século xx] e múltiplos meios foram desenvolvidos conforme os sistemas econômicos e as tradições políticas. Na Europa, dois tipos de estrutura predominam: um ministério encarregado dos assuntos culturais ou um conselho das artes, segundo a administração esteja confiada a uma administração direta ou a um organismo autônomo. Os países de influência britânica têm preferido confiar a gestão dos financiamentos públicos a um Conselho das Artes, enquanto os países de tradição mais centralizadora optaram por um ministério ou departamento de administração pública. Mas, na realidade, esses tipos de organização nem sempre se distribuem assim tão claramente. Na Itália, por exemplo, dois ministérios encarregam-se de domínios distintos da cultura [Bens Culturais e Ambiente, e Turismo e Espetáculos]. No Canadá, o Conselho das Artes oferece subvenções a organismos e grupos artísticos e distribui bolsas de estudo, enquanto o Ministério das Comunicações intervém mais de perto sobre a indústria cultural.[16]

Já Harry Hillman-Chartrand propôs uma tipologia de políticas culturais em conformidade com a maior ou a menor extensão intervencionista dos poderes públicos. Para o autor de *The arm's length principle and the arts* ("O princípio do distanciamento e as artes"), haveria basicamente quatro tipos: o do Estado-facilitador, que financia as artes e criações intelectuais por recursos indiretos, de ordem fiscal, oferecidos à iniciativa privada (pessoas, fundações, empresas), caso típico dos Estados Unidos; o do Estado-mecenas, que transfere recursos próprios, isto é, dotações orçamentárias, para organismos autônomos, como fundações e conselhos de representantes. Dessa maneira, procuram-se evitar, ao menos teoricamente, influências de ordem partidária na destinação dos financiamentos. São exemplos deste caso a Inglaterra, a Austrália ou a Nova Zelândia. O Estado-arquiteto é aquele que dita orientações ou toma medidas práticas e diretas sobre a dinâmica artístico-cultural do país por meio de estruturas próprias (ministério, secretarias, comissões).

---

16 Rosarie Garon, *A gestão institucionalizada do mecenato público*, s. d., s. l.

Juntamente com as subvenções oferecidas, exigem-se critérios técnicos e burocráticos a serem seguidos pelos beneficiários. Aqui se encontra a maior parte dos países europeus e latino-americanos. Por fim, há o Estado-engenheiro ou Estado-autoritário, que governa integralmente a vida cultural do país, como aquele das ditaduras políticas (de esquerda e de direita) e das comunidades fundamentalistas ou teocráticas.

5. Direitos culturais e multiculturalismo

Retomando as considerações do capítulo inicial, poderíamos dizer que a construção da primeira cidadania, a política, constituiu aquilo que, mais recentemente, Alain Touraine chamou de "paradigma político da sociedade". E que a elaboração da cidadania substancial, ainda nos termos de Touraine, inscreveu-se em um quadro posterior, o do "paradigma econômico-social".[1] Tanto em um caso como noutro – num período situado, *grosso modo*, entre os finais dos séculos XVIII e XX –, o papel do Estado suplantou o da sociedade.

Mas as transformações técnicas da produção, que substituíram, em grande quantidade, o trabalho vivo pela automação (em todos os setores da economia, e não apenas nas áreas industriais), aliadas ao esfacelamento do socialismo, à expansão da comunicação e do controle informáticos e à globalização neoliberal fizeram com que as relações de força se modificassem, alterando as características dos modelos anteriores. De tal maneira, que o polo da sociedade civil (entendido como o reino imediato das necessidades, à maneira de Hegel) adquiriu um novo peso e autonomia.

Entre os aspectos mais evidentes da globalização encontra-se, como de conhecimento comum, a desregulamentação ou a desproteção do arcabouço legal que o Estado havia garantido anteriormente ao mundo do trabalho

---

1   Alain Touraine, *Um novo paradigma*, Petrópolis: Vozes, 2006.

e, por seu intermédio, ao paradigma social. A nova lógica impôs-se, acima de tudo, como econômica, suplantando projetos e ações políticas ou submetendo-os, prevalentemente, aos objetivos da produção. Uma economia, inclusive, não mais exercida de um ponto de vista nacional. Ou seja, se o capitalismo já possuía tendências inerentes à mundialização, os vínculos com as relações internas de um país tornaram-se ainda mais frouxos, o que também se revela no descompromisso com seus trabalhadores, pensados e tratados não mais como classe ou necessariamente *sujeitos políticos* (*populo*, na linguagem spinoziana), mas como indivíduos ou consumidores (apenas *vulgus*). A precarização do sistema de trabalho impôs-se mundialmente, mas de forma muito mais aguda em países pobres, subdesenvolvidos ou "emergentes". É possível então alegar, não sem fundamentos, que a *banalização da injustiça social*[2] tornou-se moeda corrente, uma vez que o desemprego estrutural, a flexibilização das regras e a competição do trabalho contaminam, com suas influências deletérias, as condições sociais e existenciais. Consequentemente, no momento em que os antigos direitos sociais e trabalhistas se enfraquecem ou são mesmo excluídos, que a renda do trabalho se reduz (comparativamente a situações anteriores), que o desemprego e a precarização do emprego crescem de modo notável (os chamados *macjobs*), que novas prerrogativas podem ser então vislumbradas e exigidas?

Perdida sua importância política, a classe trabalhadora – antes vista como categoria de tendência universal – tem sido progressivamente abandonada em favor de *comunidades especiais*, as quais, por sua vez, reivindicam direitos agora chamados *culturais*, que constituem, igualmente, o conteúdo do *multiculturalismo*.[3] Falamos aqui, evidentemente, de grupos étnicos e de minorias nacionais, de migrantes, de comunidades religiosas, de comportamentos e escolhas sexuais, dos movimentos feminista (tradicionalmente dito "de gênero"[4]) e da ação afirmativa. Esta última subentende os arcabouços protecionistas e compensatórios que, por força de lei, induzem o acesso de

---

2　Christophe Dejours, *A banalização da injustiça social*, Rio de Janeiro: Fundação Getúlio Vargas, 1999.
3　Ao lado de Touraine, Michel Wieviorka dá como causas do fenômeno as transformações do modelo fordista-taylorista de produção e o enfraquecimento concomitante da classe operária. Consultar *Une société fragmentée? Le multiculturalisme em débat*, Paris: La Découverte, 1996.
4　"Gênero" deve ser aqui entendido na qualidade de modo de relações produtivas, sociais e culturais, para além do aspecto estritamente biológico-sexual.

comunidades étnicas e de minorias a cursos superiores e a inclusão de matérias curriculares ao mesmo tempo formais e específicas (estudos étnicos ou feministas, por exemplo), ou ainda a empregos, públicos ou privados.

A história recente do multiculturalismo teve, se não o seu começo, ao menos um grande impulso no movimento americano pelos direitos civis (*civil rights*) dos anos 1960, em luta contra a segregação racial, então legalmente permitida no país, e nas reivindicações igualmente contemporâneas do feminismo. Na esteira de ambos, surgiu o movimento dos nativos americanos, reivindicando compensações pelo genocídio sofrido e a possibilidade de reproduzir formas tradicionais de vida e, pouco depois, o dos hispânicos, em busca do reconhecimento da língua e de acesso a recursos financeiros.

Além dos aspectos socioeconômicos anteriormente mencionados, o fim do socialismo real na Europa do Leste também contribuiu para que o pensamento de esquerda se fragilizasse a ponto de se tornar incapaz de contraposição global ao projeto ideológico neoliberal. Por fim, o movimento migratório proveniente de países do terceiro mundo e rumo aos países ricos, que se intensificou nas últimas décadas do século xx (do Sul para o Norte, do Leste para o Oeste), estimulado pelas novas e mais difíceis condições de sobrevivência, concorreu poderosamente para o estabelecimento e o debate acerca do fenômeno.

De início, deve-se ter claro que:

> Não se pode considerar os direitos culturais como uma extensão dos direitos políticos, na medida em que estes devem ser concedidos a todos os cidadãos, ao passo que os direitos culturais protegem, por definição, populações determinadas [...]. Trata-se aqui, na verdade, não mais do *direito de ser como o outro, mas o de ser outro*. Se os direitos culturais têm mais força de mobilização do que os outros, é porque são mais concretos e dizem respeito a uma população determinada [...]. Mas sua reivindicação expõe também a grandes perigos, aqueles aos quais todos os particularismos expõem as pessoas: numa palavra, ameaçam o próprio princípio do *viver juntos*.[5]

Se a abolição de privilégios inatos e a aplicação imparcial das leis fazem parte da ideia democrática, a passagem de direitos políticos e sociais aos culturais

---

5   *Um novo paradigma*, idem, ibidem.

corresponde, de certa maneira, a uma *particularização jurídica*. Ou ainda, em palavras como as de Andrea Semprini, mesmo sendo ele um adepto cauteloso do multiculturalismo:

> As controvérsias relacionam-se apenas perifericamente ao domínio tradicional do político e aproximam o debate de um *talk show* diário: aborto, assistência médica, sistema penitenciário, *affirmative action*, valores de família, mães solteiras, homossexuais nas forças armadas, casamento de homossexuais [...]. Este fenômeno, sem ser especificamente americano, aponta para uma crise bem mais profunda do Político frente ao Econômico ou ao Cultural.[6]

Ora, na democracia, "nenhum indivíduo transfere seu direito natural a um outro, a ponto de este último nunca mais precisar consultá-lo. Ele o transfere para a totalidade do coletivo do qual faz parte; os indivíduos permanecem assim todos iguais, como no estado de natureza".[7] Diferentemente, quando um movimento étnico ou social estipula a conquista de um direito cultural, tem ele por finalidade uma autorrealização ou o ser reconhecido como sujeito diferenciado *por aquilo que se é em especial* (negro, indígena, mestiço, imigrante, islâmico, umbandista, homossexual, etc.), e não por um atributo comum, o de ser cidadão ou trabalhador. Dito de outra forma, *um direito cultural afirma-se como distinção*, mesmo quando se pronuncia em nome da igualdade ou do universal.[8]

Vista a partir de seus extremos, uma tal distinção pode ser elaborada ou praticada de duas maneiras, havendo entre aqueles pontos vários outros intermediários: ou integrada a uma condição existencial mais ampla, isto é,

---

6 *Multiculturalismo*, Bauru, EDUSC, 1.999.
7 Baruch Spinoza, *Traité théologico-politique*, Paris: Garnier/Flammarion, 1965.
8 Como ilustração, que se veja o undecálogo de Will Kymlicka in *Finding our way – rethinking ethnocultural relations in Canada* (Oxford University Press, 1998): 1) programas de ação afirmativa que busquem aumentar a presença de minorias visíveis nas instituições; 2) representações no parlamento em favor das minorias visíveis; 3) revisão dos programas escolares, com a finalidade de incluir as contribuições históricas e culturais das minorias étnicas; 4) horários flexíveis e adequados aos praticantes de religiões, conforme as exigências do credo; 5) programas educativos de orientação antirracista; 6) códigos de conduta que impeçam e punam atitudes racistas; 7) formação multicultural para todos os funcionários públicos, agentes de saúde e policiais sobre o modo de vida dos imigrantes; 8) linhas diretivas que impeçam a propagação de estereótipos nos meios de comunicação; 9) promoção de festivais étnicos; 10) serviços disponíveis em línguas natais; 11) programas de educação bilíngue para jovens imigrantes.

ao conceito de *humanidade*, ou ligada a um *comunitarismo* mais estreito, de natureza étnica, religiosa, corporativa, ideológica, nacionalista, etc., em que a alteridade antepõe-se como ameaça à pureza ou à (re)construção de uma identidade. Quando entendido e reivindicado apenas na qualidade de uma *prerrogativa antropológica*, o direito cultural acompanha a tendência daquele que é o maior dos valores da modernidade – o individualismo. As instâncias subjetivas – tais como a interioridade, a verdade relativa a um contexto ou grupo e a conquista do bem-estar pessoal – antecedem ou pouco já se relacionam com as demandas sociais e com o universo tradicionalmente político. Nesse novo modelo sociocultural de reivindicações, a vida política do indivíduo ou do grupo se faz de maneira fragmentada, na dependência de contextos culturais particularizados (étnicos, religiosos, sexuais, de interesses específicos, de referências laterais) e ainda ao sabor de uma dinâmica bem mais efêmera. A dificuldade, no entanto, é a de se saber se um e outro (o direito cultural e o individualismo) realmente conduzem à emancipação em sociedade ou se, novamente, submetem os homens à coação do ciclo biológico ou, o que dá no mesmo, se em nome de subjetividades e de particularismos os mantêm presos às exigências repetitivas da natureza.

Como a perspectiva dos direitos culturais ou do multiculturalismo está fortemente vinculada às noções de diferença e identidade, muito caras ao pós-modernismo[9], mais do que desconfiar, opõe-se ela à ideia dos "universais" e à crença dialética de que as diferenças e as contradições geram sínteses ao mesmo tempo superiores e unificadoras (à maneira hegeliana ou marxista). De um lado, a afirmação multiculturalista ergue-se em favor da "pluralidade dos discursos", "das vozes múltiplas", "em defesa das minorias e dos excluídos" e do enfrentamento dos tradicionais *maîtres à penser* (no jargão de Foucault, aqueles que concebem as grandes sínteses e, com elas, ditam formas de pensar e de agir). Com esse viés analítico encontramos, por exemplo, Iris Young[10], cujo ponto de partida é a crítica feita ao paradigma distributivo. Isso

---

9 Não se deve esquecer, porém, que a reivindicação mais antiga de "identidade cultural" nasceu com o movimento romântico, sobretudo anglo-germânico, e, simultaneamente, com a filosofia contrarrevolucionária e restauradora das monarquias na transição dos séculos XVIII e XIX. Ideia retomada, mas então revolucionariamente, pelos movimentos anticolonialistas de independência em meados do século XX.
10 Iris Young, *Le politiche della differenza* (Justice and the politics of difference), Milão: Feltrinelli, 1996.

quer dizer que a opressão não provém de uma distribuição simplesmente econômica, ainda que perversa, mas em decorrência, sobretudo, de relações socioculturais que tornam mais difícil, para alguns (ou muitos), o desenvolvimento e a expressão pessoal, tanto quanto a visibilidade social. Os bens materiais e imateriais (direitos, oportunidades, poderes) seriam tratados apenas, e conjuntamente, como coisas. Assim, o paradigma preocupa-se em distribuir os postos de trabalho sem contestar nem modificar as divisões hierárquicas dos cargos laborais. Com isso, desvaloriza-se o contexto institucional inerente ao posto de trabalho, como de resto, à família e aos demais fenômenos ou estruturas sociais. Daí a necessidade de se introduzir na análise (e meio de combate às injustiças) a noção de grupo. E por grupo social a autora entende uma coletividade de pessoas que se diferenciam de outras por traços culturais, por práticas ou modos de vida. O caráter fundamental do grupo seria a sua persistência em relação aos membros constituintes e o sentido de identidade que lhes permitem o reconhecimento da igualdade: "se se pode falar apenas com a linguagem dos iguais, os diversos são condenados ao silêncio". Em conclusão, os grupos devem ter um significado político e uma representação corporativa que descubra a máscara das ilusões universalistas.

Simultaneamente, portanto, o direito cultural apoia-se nas ideias de *dialogismo* e de *reconhecimento*.[11] Isso quer dizer que as construções da subjetividade e da identidade particular (de um *eu*) ocorrem, necessariamente, dentro de um grupo definido. São, portanto, o resultado de interações permanentes de um indivíduo com as estruturas linguísticas, cognitivas, culturais, afetivas e corporais e da convivência social com os demais membros da comunidade. Por conseguinte, a subjetividade consolida-se no sentimento e na consciência de uma pertença, de um acolhimento ou, em síntese, de um reconhecimento identitário em um meio sociocultural e/ou geográfico relativamente delimitado.

Concordando com esse entendimento, que nada tem de novo, pois advém daquela já antiquíssima e insofismável afirmação de Aristóteles, a de que

---

11 Ver, a respeito, Charles Taylor, *Multiculturalism and the politics of recognition*, Amy Gutmann, Princeton University Press, 1992. Na análise do filósofo canadense, a formação e o autoentendimento do *self*, seu "horizonte de sentidos", repousa não no ser abstrato da teoria política clássica, mas nas experiências comuns ou *background* das relações sociais e dialógicas, *com as quais e contra as quais* a vida adquire sentido.

o homem é *zoon legon ekon*,[12] resta indagar: 1) se esse grupo precisa ser invariável e especificamente um só, de caracteres étnico, geográfico, linguístico, religioso, social ou cultural, o que, no final das contas, limitaria em muito a possibilidade da experiência e do conhecimento humanos; 2) se a ênfase na distinção, tão experimentada ao longo da história, não acaba por reforçar as atitudes irredutíveis, as identidades adstritas, a atomização da sociedade ou a relativização das verdades, que passam a depender de interesses, mentalidades e convicções exclusivas de grupos sociais ou religiosos. Essa segunda vertente ou possibilidade é reiterada por Giovanni Sartori, para quem os direitos culturais exercem o papel de uma *fábrica de diversidades* – aquela que, obsessivamente, realça as diferenças e as converte em motivos de separação ou de rebelião: "o multiculturalismo leva à Bósnia e à balcanização"[13], para citar um exemplo mais recente destes tempos.

Por outro lado, o movimento não deixa de contribuir para reforçar, contraditoriamente, aspectos simbólicos de uma experiência socioeconômica já hegemônica na transição dos séculos xx para o xxi, qual seja, a da fragmentação dos mercados (em grupos específicos de consumidores e em *tribos*) e das estruturas sociais, compatíveis com o neoliberalismo.

Esse aspecto curioso e paradoxal das reivindicações culturais recentes está no fato de grande parte de seus defensores e prosélitos proclamar-se "de esquerda" ou se julgar, ainda que de maneira epigônica, pertencente à tradição ilumino-socialista. Tal contradição também apareceu aos olhos de Christopher Lasch e é assim explicada em suas *Reconsiderações sobre a cultura de massa*:

> Como Veblen e Dewey, Benjamin sustenta que a tecnologia moderna, por sua própria natureza, distancia a massa de suas superstições e de seus ambientes tradicionais, facilitando deste modo a constituição de um espírito iconoclasta, científico e crítico [...]. Contrariamente aos sociólogos americanos, especialistas em modernização, Benjamin sabia muito bem que o efeito imediato da comunicação de massa é o de aumentar a "atração factícia das mercadorias", mas insistia sobre o fato que, a longo prazo, *o desenraizamento criaria as condições de um novo tipo de fraternidade* [...]. A teoria marxista da tecnologia e a da tecnolo-

---

12 Por ser o único *animal dotado de fala*, e portanto de intercâmbio simbólico, o homem se torna *zoon politikon*, ou seja, capaz de construir uma sociedade política.
13 Giovanni Sartori, *Pluralismo, multiculturalismo e estranei – Saggio sulla società multietnica*, Milão: Rizzoli, 2000.

gia das comunicações de massa, em particular, compartilha com a sociologia liberal a ideia segundo a qual *os vínculos étnicos, as redes de parentesco, as crenças religiosas e as demais formas de particularismos sufocam a possibilidade de um pensamento autônomo e conservam as massas na passividade ou inércia*.[14]

Se os direitos culturais pretendem, na melhor das intenções, conquistar prerrogativas ou criar condições para que um grupo ou comunidade se realize como *ator social*, eles só podem evitar conflitos e a instauração de novas desigualdades se estiverem precedidos ou subordinados ao *princípio universal de cidadania*, aquele em que as leis valem para todos, indistintamente, e pelo qual se equilibram a liberdade pessoal e a responsabilidade pública. Voltando a Touraine, diz o autor:

> Os novos movimentos sociais, sem dúvida muito diversos, exigem todo o reconhecimento de um novo tipo de direitos, os direitos culturais; [...]. estas exigências são novas e não se encontram nem na sociedade industrial, nem nas sociedades pré-industriais; [...] os direitos culturais, assim como antes deles os direitos sociais, podem se transformar em instrumentos antidemocráticos, autoritários ou mesmo totalitários, se não estiverem estreitamente ligados aos direitos políticos, que são universalistas, e se não encontrarem lugar no interior da organização social e, particularmente, do sistema de distribuição de recursos [...]. É preciso dar um outro sentido às palavras *reconhecimento* e *realização de si mesmo*. O reconhecimento do outro não é nem a compreensão mútua, nem a relação amorosa. Consiste em ver agir no outro a construção do sujeito, tal como a sentimos agir em nós mesmos. Esta construção realiza-se pela elaboração do universal, a partir de uma experiência social ou cultural particular.

Em seu ensaio "Ética, um valor fundamental"[15], Amélia Valcárcel lembra que Platão atribuíra o apego ateniense às ideias universalistas e simétricas à igualdade de nascimento, ao sentimento do clã, a uma condição "política", neste caso com um significado mais simples, o de provir e viver em uma mesma *polis* (cidade-comunidade). Entretanto, continua:

---

14 Christopher Lasch, versão francesa sob o título *Culture de masse ou culture populaire?*, Paris: Climats, 2001, grifos meus.
15 Amélia Valcárcel, "Ética, um valor fundamental", em Danilo Santos de Miranda (org.), *Ética e cultura*, São Paulo: SESC/Perspectiva, 2004.

Os fatos comprovam o contrário: no lugar ao qual confluem muitos e diferentes, somente leis universais e igualitárias permitem a convivência. Assim foi com a *pax romana*, e assim se apresenta a democracia atual [...]. Certas vozes se elevam, atualmente, contra tal pretensão: as de alguns dos colonizados, e várias outras, também entre nós. Tal universalidade é brutal, dizem-nos. Apaga diferenças às quais todos têm direito. Uniformiza modos de vida, sem aumentar sua qualidade. É um rolo compressor aplicado aos frágeis, para evitar o esforço de entendê-los e respeitá-los. O Norte universalizador é agressivo. Chama de universais seus costumes e manias. Saqueia o Sul de mil maneiras. Devora suas matérias-primas, exporta seus próprios vícios e enfermidades, destrói o tecido moral alheio e oferece como alternativa seu consumismo compulsivo, que os outros nem desejam nem podem satisfazer. Somos, enfim, um mau exemplo. E como nos amparamos, para fazer tudo isso, em nossos bons e universais sentimentos, somos uns cínicos [...]. Estaria disposta a considerar algumas destas ideias se tivéssemos sido os únicos inventores do dinheiro; se fôssemos os únicos a ter comprado e vendido coisas e homens. Sou mais propensa a pensar, entretanto, que esta é uma capacidade humana universal [...]. Nosso atual universalismo [...] está relativamente avaliado e autenticado. A única objeção que lhe pode ser feita é que fomos nós que o avaliamos e autenticamos, isto é, que tal universalismo é apenas e tão somente um traço particular de nossa estrutura social, característica das sociedades "do Norte", nem aprovado, nem solicitado pelas demais. Ao dizê-lo, encerramos a questão, pois das duas, uma: se o dizemos nós, converte-se em um exemplo de divergência que não combate, mas sim comprova a consistência do modelo; se eles o dizem (quem quer que seja, exteriores a nós), nesse caso colocam-nos uma divergência que cabe em nosso modelo, mas não no deles, isto é, caem em paradoxo solicitando atenção para algo a que não estão dispostos a dar atenção.

Já no século XVIII, ao perseguir uma condição ética e política universal, acima das intermináveis questões religiosas, dizia Diderot em sua *Enciclopédia*, no verbete Irreligioso:

É-se irreligioso apenas na sociedade de que se é membro; é certo que não se cometerá em Paris qualquer crime contra um maometano por seu desprezo à lei de Maomé, assim como a um cristão, em Constantinopla, pela negligência de seu culto. O mesmo não ocorre com os princípios morais; eles são os mesmos em todos os lugares. Sua inobservância é e será repreensível em todas as regiões e em todos os tempos. Os povos se dividem em cultos diferentes, religiosos ou irreligiosos, conforme o local da superfície da Terra para onde se transportam ou habitam; a moral é a mesma em todos os lugares.

Finalmente, deve-se ter em conta que, na qualidade de norma particular, o direito cultural situa-se aquém da esfera propriamente política ou da instância classicamente pública. Por isso, o multiculturalismo confina-se com os limites da sociedade civil e acompanha, sem que disso se aperceba, a voga do liberalismo socioeconômico, característico dos tempos atuais. Para este, é sobretudo no âmbito privado que se devem encontrar, de preferência, as soluções dos problemas e a resolução dos conflitos.

Sobre o autor

Newton Cunha foi animador e programador cultural do SESC São Paulo entre 1972 e 2007. Formado em jornalismo e pós-graduado em filosofia, estudou na Sorbonne sob orientação do sociólogo Joffre Dumazedier. São obras de sua autoria: *A felicidade imaginada – as relações entre os tempos de trabalho e de lazer*, São Paulo: Brasiliense, 1987; *Dicionário SESC, a linguagem da cultura*, São Paulo: Perspectiva, 2003. Publicou também os seguintes ensaios, em obras coletivas: "Cultura contemporânea, cidadania do medo", em *Ética e cultura*, São Paulo: Perspectiva, Coleção Debates, 2005; "Ação e animação culturais", em *Cadernos temáticos do Conselho Regional de Psicologia*, nº 5, 2007; "Filosofia e surrealismo – A insuficiência da realidade", em *Surrealismo*, São Paulo: Perspectiva, Coleção Stylus, 2008. Tradutor das seguintes obras para a editora Perspectiva: *Ética contra estética*, de Amélia Valcárcel; *Diderot, o enciclopedista*, em três volumes, com os textos do autor para a *Encyclopédie*; *Descartes, obras selecionadas*; *O teatro espanhol do Século de Ouro* (1º volume, Juan Del Enzina); *A música grega*, de Théodore Reinach.